KINGSBURY
HIGH   SCHOOL

———

This book is lent to the undermentioned scholar.

Date	Name	Form	Form Teacher's Initials
13·11·70	JANE. L. GLAZIER	4B.	M.P.

German Prose Passages
for the Middle School

German Prose Passages
for the Middle School

ANNA B. BISSET, M.A.
Senior Mistress, Farringtons, Chislehurst

IAN M. HENDRY, M.A.
Head of the Department of Modern Languages
Madras College, St Andrews

W. & R. CHAMBERS Edinburgh and London

SBN: 550 78301 6

Printed in Great Britain
by T. & A. Constable Ltd
Printers to the University of Edinburgh

Preface

We have been aware for a long time of the wide gap between the very simple texts available for Ordinary Level work in German and the much more difficult texts which have to be faced in the fifth year. This book has been compiled to offer fourth-year pupils prose passages of a level of difficulty slightly beyond what they might expect to find in an Ordinary Level examination but which are of themselves interesting, varied and modern and which represent a natural transition to the more testing literary German of fifth-year work.

Twenty of the extracts have questions in English to test comprehension; twenty have questions in German, partly to test comprehension, and partly to induce pupils to manipulate the German of the text, with the aim of extending vocabulary and increasing fluency.

Our sources range from distinguished literary figures of the present, or recent past—Kästner, Remarque, Dürrenmatt—through German writers less well known in this country to German pupils writing on events in their own lives. We hope that in this variety of topic and style pupils will find not only pleasure but also encouragement to read further in German.

We gratefully acknowledge the help of Fräulein Gudrun Haesen and Fräulein Ursula Bunjes, of the University of Kiel, who have read this book in manuscript and in proof and offered useful advice on a number of points.

A. B. B.
I. M. H.

Acknowledgments

We wish to thank the following for permission to reproduce passages from the copyright works indicated:

Benziger Verlag, Einsiedeln-Zürich-Köln: *Der Richter und sein Henker* (two extracts) and *Der Verdacht* by Friedrich Dürrenmatt; Bertelsmann Lesering Lektorat, Gütersloh: *Und die Moral von der Geschicht* by Wilhelm Busch; Verlag Kurt Desch, München: *Zeuge in heilloser Zeit* by Joseph Kessel, *Spuren im Sand* by Hans Werner and *Drei Kameraden* by Erich Maria Remarque; Droemersche Verlagsanstalt Th. Knaur Nachf., München: *Heidi* (two extracts) by Johanna Spyri; S. Fischer Verlag, Frankfurt am Main: *Die Farm in den grünen Bergen* by Alice Herdan-Zuckmayer; Carl Hanser Verlag, München: *Am Paß Nascondo* by Gerd Gaiser; Heliopolis Verlag, Tübingen: „Major Dobsa" from *Dalmatinische Nacht* by Friedrich Georg Jünger; Frau Emma D. Hey and Rowohlt Verlag, Hamburg: *Heute bei uns zu Haus, Kleiner Mann—was nun?* and *Damals bei uns daheim* by Hans Fallada; Hoch Verlag, Düsseldorf and Otto Maier Verlag, Ravensburg: *Drei im Hurrikan* by Hanns Radau; Verlag Kiepenheuer & Witsch, Köln-Marienburg: *Und sagte kein einziges Wort* (two extracts) by Heinrich Böll and *Zeit zu leben Zeit zu sterben* by Erich Maria Remarque; Otto Maier Verlag, Ravensburg: *Mit Weltraumkapsel und Atom-U-Boot zu neuen Horizonten* by Horst Scharfenberg; Matthiesen Verlag, Lübeck: from *Die Leserunde*, „Die Leihgabe" by Wolfdietrich Schnurre, „Tee mit Rum. Die Mohnblume" by Fritz Ohrtmann, „Gottes Erde" by Knut Hamsun, „Mein Onkel Franz" and „Aus meiner Kindheit" by Erich Kästner, and „Das Herz in der Hosentasche" by Franz Hiesel; Friedrich Middelhauve Verlag, Köln: „Der Zug war pünktlich" from *1947 bis 1951* by Heinrich Böll; Adam Reitze Verlag, Hamburg: *Abfahrt 6 Uhr 09* by Paul Hühnerfeld; Rowohlt Verlag, Hamburg: *Vergessene Gesichter* by Walter Jens; Sanssouci Verlag, Zürich: *Lady Margarets Haus* (two extracts) by Horst Wolfram Geissler; Franz Schneider Verlag, München: *Gisel und Ursel die lustigen Zwillinge* by M. Haller; Schocken Books Inc., New York: *Das Schloß* by Franz Kafka; Steinberg Verlag, Zürich: *Die Sonne in den Augen* by Hans Ruesch; Walter Verlag, Olten: „Die Tat" from *Eine Rechnung, die nicht aufgeht* by Wolfdietrich Schnurre; Gebrüder Weiß Verlag, Berlin: *Die Töchter des Königsbauern* by Barbara Bartos-Höppner; and Paul Zsolnay Verlag, Wien: *Die Männer und die Seejungfrau* by Wolfgang Ott.

While every effort has been made to obtain the necessary permission for material reproduced, it has not been possible in one or two instances to trace holders of copyright, and our apologies are therefore tendered to any with whom we have not been able to make contact.

Contents

1 Passages with Questions in English

2 Passages with Questions in German

Passages with Questions in English

1

A New Boy Arrives

Als die Menschen sich verlaufen hatten, stand nur noch ein kleiner Junge auf dem Bahnsteig. Er hatte einen großen Koffer rechts neben sich auf den Boden gestellt. In der linken Hand hielt er eine verschlissene[1] braune Schultasche.

Die Lokomotive des Zuges, mit dem er vor ein paar Minuten angekommen war, pfiff noch einmal, dann schob sie prustend die Wagen rückwärts aus der Halle heraus. Der Stationsvorsteher mit der roten Mütze kam von den Gleisen auf den Jungen zu; er musterte ihn einen Augenblick scharf, ging dann wortlos vorbei, und verschwand in einem kleinen Büro. Die Abendsonne, die zuerst von dem haltenden Zug verdeckt worden war, warf jetzt schräge, milde Strahlen auf den verlassenen Asphalt des Bahnsteigs und auf den einsamen Jungen.

Plötzlich erschien vom anderen Ende des Bahnsteigs, da, wo Schilder mit der Aufschrift „Ausgang in die Stadt" standen, ein zweiter, noch kleinerer Junge. Er ging mit schnellen, festen Schritten auf den Wartenden zu. Er hatte ein schmales, klares Gesicht und war dünn. Ein paar Schritte vor dem Jungen mit dem Koffer blieb er stehen, musterte ihn eindringlich und fragte:

„Bist du Peter Weber?"

„Ja", sagte der Junge mit dem Koffer, „der bin ich."

„Und ich", antwortete der Kleine, „bin Bernd Vollmer und soll dich abholen. Dr. Bauer meinte, es sei besser, wenn dich jemand von uns Schülern abholte und du nicht gleich bei deiner Ankunft von einem Pauker[2] empfangen würdest."

Peter verstand nur halb. Um etwas zu antworten, fragte er:

„Wußtet ihr denn, daß ich komme?"

„Natürlich", sagte der Kleine eifrig, „dein Vater hatte doch

3

telegraphiert, daß er dich nicht bringen könne und daß du allein reisen würdest."

adapted from PAUL HÜHNERFELD, *Abfahrt 6 Uhr 09*
(Adam Reitze Verlag, Hamburg)

¹ **verschlissen**, worn
² **der Pauker** (-), teacher (*schoolboy slang*)

Answer in English:

1. Describe the boy and his luggage as he stood alone.
2. How and when had he arrived?
3. What sound broke the stillness?
4. What were the actions of the stationmaster?
5. How was the boy suddenly thrown into more relief?
6. What stood at the other end of the platform?
7. Describe the second boy.
8. Why had he come instead of a teacher?
9. In your opinion, why did Peter not quite understand?
10. How did the school know of Peter's arrival?

2

Hinki the Alsatian

Eigentlich war er kein Schäferhund, jedenfalls kein echter mit Stammbaum und Diplomen. Ich fand ihn als ein kläglich winselndes Fellbündel in einem Gebüsch neben der schmalen Straße, die den Wald nicht weit von unserem Siedlungshäuschen¹ durchschneidet.

Es war gegen halb sechs abends, ich kam aus der Stadt von der Arbeit und erkannte sofort, daß das junge Tier überfahren worden war und sich ins Gebüsch geschleppt hatte. Meiner Schätzung nach war der Hund etwa fünf bis sechs Monate alt. Sein rechter

Vorderlauf war gequetscht und wahrscheinlich gebrochen. Ohne lange zu überlegen, nahm ich das arme Kerlchen vorsichtig hoch und trug es die paar hundert Meter zu uns ins Haus.

Mutter war nicht begeistert. „Du willst ihn doch nicht hierbehalten; wir wissen ja gar nicht, wem er gehört", sagte sie. Aber sie fand es durchaus richtig, daß ich den Hund in ein Körbchen bettete und auf dem Gepäckträger meines alten Fahrrades zu Dr. Wilms, dem Tierarzt, fuhr.

Als ich eine Stunde später mit dem Patienten zurückkam, war auch Vater längst eingetroffen. Er äußerte sich wenig erfreut über unseren Gast und hätte ihn am liebsten in ein Tierheim gebracht. Doch schließlich setzte ich es durch, daß Wölfchen, so hatte ich ihn vorerst getauft, zunächst bleiben konnte.

Zunächst? Nun, ein Besitzer ließ sich nicht ermitteln[2]; wir behielten also den Hund. Als das Bein geheilt war, blieb meinem neuen Freund ein leichtes Hinken als Andenken an den Unfall zurück. So kam Wölfchen zu seinem endgültigen Namen: Hinki.

Hinki besaß ausgesprochenes Zeitgefühl. Er wußte bald genau, wann ich nach Hause kommen würde. Etwa zwanzig Minuten nach fünf setzte er sich in Bewegung und kam mir durch den Wald bis zur Bahnstation entgegen. Im Sommer nahm ich ihn manchmal zum Schwimmen im nahen See mit. Im Winter, wenn es Schnee gab, begleitete er mich immer, wenn ich mit Skiern durch den Wald stapfte. Nun fühlt er sich bei uns zweifellos so hundewohl, wie man sich als Vierbeiner nur fühlen kann.

adapted from HEIKE KOCHMANN, *Neue Post*, No. 42,
13. Oktober 1965 (Neue Post Redaktion, Hamburg)

[1] **die Siedlung (-en)**, housing estate, settlement
[2] **sich ermitteln lassen,** to be ascertained, found

Answer in English:

1. Where and in what condition did the author find the dog?
2. What had happened and how had he got there?
3. How old was he approximately?
4. What did the author do at once, and why?

5. What objection did the mother raise? But what was the daughter allowed to do?
6. What suggestion did the father make? How did the daughter win in the end?
7. Why did the family finally keep the dog?
8. Explain the significance of the two names given to him.
9. What showed his extraordinary sense of time?
10. How did he enjoy both summer and winter with his new owner?

3

An Unexpected Visitor

In einer kalten, aber schneefreien Dezembernacht kam Professor Helfering aus dem Konzert nach Hause, und als er seine Wohnungstür aufschließen wollte, konnte er es nicht, weil innen der Schlüssel steckte. Er war im Begriff zu klingeln, da hörte er Schritte und die Stimme der Haushälterin: „Sofort!" Alsbald wurde geöffnet.

„Daß Sie noch wach sind?" fragte Helfering mit einem Blick auf die Uhr.

„Wir haben Besuch", antwortete die grauhaarige Frau und nahm ihm Hut und Mantel ab. „Die Herren werden mich noch brauchen."

„Wer?"

„Sehen Sie nur nach!" Mit einer Kopfbewegung und einem geheimnisvollen Lächeln wies sie auf die Tür des Wohnzimmers; nicht etwa auf die des Empfangszimmers, in das sie Studenten und andere kaum bekannte Leute zu führen pflegte.

Der Professor trat ein. Die große Stehlampe brannte. Ein süßer Zigarettenduft hing in der angenehm farbigen Dämmerung, eine große Zeitung wurde schleunig zusammengefaltet, aus dem tiefen Sessel erhob sich der Besucher.

„Fox!" rief Helfering und streckte ihm die Hände entgegen. „Wenn Sie erwartet hätten, eine Dame zu sehen", sagte Fox, „so bitte ich, die Enttäuschung zu verzeihen."

Der Professor erklärte lachend, daß er selbstverständlich überhaupt niemand erwartet habe. „Aber", fuhr er fort, „lassen Sie mich überlegen, mein Lieber. Lassen Sie mich Ihnen zeigen, daß ich von meinem berühmtesten Schüler, dem großen Detektiv, etwas gelernt habe. Erstens stelle ich fest, daß Sie bereits eine Menge Zigaretten geraucht haben, und das tun Sie nur, wenn Ihnen etwas schwer im Kopf herumgeht. Zweitens haben wir uns vorige Woche in Brüssel gesehen, und wenn Sie mich heute ganz unerwartet besuchen, so hat das auch etwas zu bedeuten. Drittens trugen Sie neulich noch ein Schnurrbärtchen, das jetzt abrasiert ist. Also . . .?"

„Bewundernswert!" sagte Fox. „Sie haben recht. Ich habe Ihnen etwas Unerwartetes mitzuteilen."

adapted from Horst Wolfram Geissler, *Lady Margarets Haus* (Sanssouci Verlag, Zürich)

Answer in English:

1. Describe the kind of night on which this story began.
2. Where had Helfering spent the evening?
3. Why was he about to ring his own door-bell?
4. Describe the housekeeper, and her actions after opening the door. Explain why she had not gone to bed.
5. How did she manage to convey an air of mystery?
6. What sort of people were usually shown into the drawing-room?
7. Describe in detail the scene in the sitting-room which met the professor's gaze.
8. With what jocular remark was he greeted and how did he reply to it?
9. What was the relationship between the two men?
10. State, in order, the three arguments which the professor put forward to show that he realised that there was a special reason for this visit.

4

Refugees Arrive in a New Country

Einige Tage später fuhren wir nach Vermont, zum erstenmal in
einer amerikanischen Eisenbahn. Das war eine Überraschung.
Der Zug nannte sich Schnellzug und fuhr in sieben Stunden eine
Strecke, die er bequem in vier Stunden hätte zurücklegen können.
Er hielt an unendlich vielen Stationen, und zwar hielt er mit
einem jähen Ruck an und fuhr unter ebenso heftigen Stößen
wieder ab.

Es war ein heißer Tag, aber im Zug war es kühl. Die Kühlungsanlage[1] arbeitete wie eine Heizung, aber umgekehrt, die Fenster
waren hermetisch verschlossen, um die Kälte im Waggon zu
bewahren und die Hitze auszuschließen.

Vor der Einfahrt in die Stationen begann eine Glocke zu läuten,
hell, scharf und stürmisch. Die Glocke hing an einem kleinen
Glockenturm über der Lokomotive und stammte wohl aus der
Zeit, wo sie Büffelherden in der Prärie zu vertreiben hatte, die
sich den Zügen in den Weg stellten.

Dorothy erwartete uns in Vermont mit ihrem Stationswagen,
einem Auto, das wie ein Lieferwagen[2] mit Fenstern aussah und
entweder neun Personen faßte oder weniger Personen und dafür
mehr Gepäckstücke aufnehmen konnte, die bei der Hinterwand,
die man öffnen konnte, hereingeschoben wurden. Man konnte auch
Schulkinder, Enten, Gänse, Ziegen, Schweine und Möbelstücke
darin transportieren, kurzum, es war der praktischste Wagen fürs
Land.

adapted from ALICE HERDAN-ZUCKMAYER,
Die Farm in den grünen Bergen
(S. Fischer Verlag, Frankfurt am Main)

[1] **die Kühlungsanlage (-n)**, cooling-system
[2] **der Lieferwagen (-)**, delivery-van

Answer in English:

1. Why was the family's first journey in an American train a surprise?
2. How did the train stop and start?
3. Explain why it was cool in the carriage although the weather was hot.
4. What sort of warning was sounded as the train approached the station?
5. What was the probable origin of this warning system?
6. Describe the car with which the family's friend Dorothy met them, and its facilities for carrying passengers and luggage.
7. Why did the writer consider it to be the most useful vehicle for the country?

5

A First Flight

Endlich dürfen die zwei Schwestern durch die Sperre gehen. Ein Herr von der Flughafenverwaltung geht voran, die Zwillinge und die anderen Fluggäste hinterher. Und nun geht's über den Platz auf das startbereite Flugzeug zu.

„Bitte einsteigen", sagt der Begleiter und hilft den Fluggästen beim Betreten der Rolltreppe. Jetzt sind die Kinder am Ziel ihrer Wünsche und können sich alles im Flugzeug genau anschauen. Erst geht es durch einen schmalen Gang. Dann kommen sie in eine Abteilung, die genauso eingerichtet ist wie ein großes Eisenbahnabteil zweiter Klasse. An jeder Seite stehen gepolsterte Sitze, immer für zwei Personen nebeneinander in langer Reihe. Die Wände haben große Fenster, da kann man wenigstens ordentlich hinausgucken.

Jetzt rollt das Flugzeug über die Startbahn. Die Zwillinge sind so aufgeregt, daß sie nicht einmal merken, daß es sich schon ein wenig vom Boden erhoben hat. Dann steigt es geschwind höher und höher und unten wird alles immer kleiner. Der Flughafen mit seinen Gebäuden sieht aus wie ein Spielzeug und verschwindet allmählich. Sie fliegen über Hamburg. Mitten in der Stadt liegt die Alster mit den unzähligen weißen Segelbooten, die von oben winzig klein aussehen. Ein Gekrabbel[1] und ein Durcheinander ist da unten.

Jetzt ist das Flugzeug über dem Hafen, und von hier können sie den Lauf der Elbe ein ganzes Stück verfolgen. Breit und glitzernd zieht die Elbe dahin. Sie liegt im Sonnenglanze und sieht mit den vielen großen und kleinen Schiffen prächtig aus.

Aber wie alles im Leben, so nimmt auch dieser Flug ein Ende. Langsam senkt sich das Flugzeug. Als die beiden nach unten blicken, sind sie der Erde schon ganz nahe. Und es sieht gerade so aus, als käme die Erde auf das Flugzeug und nicht das Flugzeug auf die Erde zu. Einen Augenblick schwebt das Flugzeug dicht über dem Erdboden dahin. Dann gibt es einen kleinen Ruck, es hat aufgesetzt und rollt nun wieder aus. Voller Begeisterung und Stolz steigen sie beide aus und stürmen auf die Eltern zu.

adapted from M. HALLER, *Gisel und Ursel die lustigen Zwillinge* (Franz Schneider Verlag, München)

[1] **das Gekrabbel (-)**, crawling (as of insects), teeming

Answer in English:

1. In what order do the various people go across to the plane?
2. How do they enter the aircraft?
3. Describe in detail the inside of the plane as the twins see it.
4. Describe the take-off and the twins' impressions of the airport.
5. What do they see below them as they fly over the centre of Hamburg?
6. Describe their view of the port and the Elbe.
7. What impression do they get as the plane descends?
8. With what feelings do they disembark from their first flight?

6

The Mail-boat Comes to Myggenäs in the Faroes

Drei Tage später kommt endlich das Postboot. Es ist ein schöner Tag, ohne Sturm, ohne Nebel, das ist schon viel auf Myggenäs. Die Inselbewohner stehen erwartungsvoll an der Anlegestelle. Wenn die Post nur alle paar Wochen einmal kommt, dann soll man wohl nicht erwartungsvoll sein?

Manchmal steigt der Postschiffer, nachdem die Post ausgeladen und verteilt ist, die vielen Stufen vom Hafen ins Dorf mit hinauf. Und die Fragen! Die vielen Fragen der Inselbewohner, die er zu beantworten hat! Dabei ist er so ein schweigsamer Mann, das kommt wohl von seinem Dienst, jahrein, jahraus: auf gutes Wetter warten, Post wegbringen; auf gutes Wetter warten, Post aus der Hauptstadt holen; immer das gleiche. Andererseits weiß er, wie sehr die Leute auf etwas Neues begierig sind. Aber er muß ja so viele Male dasselbe erzählen! Myggenäs ist die letzte Station auf seiner Fahrt, da hat er es so oft erzählt, daß er es wie im Schlaf hersagt.

,,Erzähl doch, ob Fremde in der Hauptstadt angekommen sind . . .", beginnt schon eine der Frauen.

,,Ja doch, ja doch! Ein dänischer Beamter. Na, was wird er schon wollen, ihr Leute? Steuern[1], denk' ich! Ein Arzt kam auch; das ist ein Deutscher. Und dann noch ein Kaufmann. Der wird wohl schon wieder abgefahren sein. Und ein geistlicher Herr[2], Besuch für unseren Herrn Pastor. Ja, ihr Leute, das war's!"

Er fuhr fort: ,,Aber das Wetter! Ich will es ausnutzen. Man weiß nie, wie es schon in einer Stunde sein kann.—Wann ich wiederkomme? Zwei oder drei Wochen werden vergehen."

Eine Weile danach tuckert[3] der Motor des kleinen Schiffes, und es verläßt den Landeplatz, mit Kurs nach Südosten.

adapted from BARBARA BARTOS-HÖPPNER, *Die Töchter des Königsbauern* (Gebrüder Weiß Verlag, Berlin)

[1] **die Steuer (-n)**, tax
[2] **ein geistlicher Herr**, clergyman
[3] **tuckern**, to splutter (of an engine)

Answer in English:

1. On what sort of day does the mail-boat finally arrive at Myggenäs?
2. In what frame of mind do the islanders wait for it, and why?
3. What are the postman's first tasks on arrival?
4. What does he then sometimes do?
5. Describe this man and his job.
6. How does he try to satisfy the islanders' curiosity?
7. Why is this specially difficult on Myggenäs?
8. Give details of the arrivals in the capital.
9. Why cannot the postman stay long, and for how long will he be gone?
10. What is the last sound and sight the islanders have of him?

7

A Lover Returns after a Long Absence

Eine weißgetünchte Treppe führte zum Eingang des hellen Hauses; die Fenster waren von Tomaten und Zwiebeln umrahmt, die in der strahlenden Sonne leuchteten. Die Tür war angelehnt, und ich schob das Fliegennetz beiseite—jene großartige Erfindung, die einige Fliegen nicht ins Haus läßt und die anderen im Haus festhält.

Es roch sauber nach kalter Asche vom Küchenherd, ganz wie bei uns daheim. Auf einem Sofa saß Donna Lucia, einen Berg Wäsche neben sich, und strickte. Als sie mich erblickte, sprang sie auf und umarmte mich wie einen eigenen Sohn. Ihre Söhne waren noch immer Kriegsgefangene in Australien.

Und dann sah ich Lucciola. Sie stand angewurzelt auf der Schwelle ihres Zimmers, keinen Hauch von Farbe auf den Wangen, und starrte mich an, als hätte sie Angst. Mir ging es nicht anders. Mein Herz pochte, daß es mir weh tat.

„Er ist zurückgekommen", sagte ihre Mutter. „Willst du ihn

nicht begrüßen?" Lucciola trat näher und sagte kaum vernehmbar:
„Willkommen daheim, Gianni!"

Stumm drückte ich ihre eisigen Hände. Ich wußte, ich würde
zittern, wenn ich jetzt sprechen müßte.

„Geh, koch ein wenig Kaffee", sagte ihre Mutter, und Lucciola
verzog sich dankbar, nicht ohne mir über die Schulter hinüber ein
Lächeln zu gönnen. Und gleich kam ihre Mutter mit einer
Honigtorte angerückt.

„Setz dich zu mir, Gianni, und erzähl mir alles", sagte sie und
sah zu, wie ich aß. „Hast du viel Geld verdient?"

„Ja, ich hatte als Soldat viel Geld beisammen gehabt. Aber
dann steckte ich es in ein Unternehmen, das schlecht ging."

Sie seufzte tief. „Man braucht heutzutage viel Geld zum Leben",
sagte sie vorwurfsvoll. „Die Eier, die vor dem Krieg drei Lire
gekostet haben, kosten jetzt vierzig. Das Kilo Fleisch ist von
zwölf Lire auf tausend gesprungen. Öl von fünf Lire auf fünfhun-
dert."

Ich sagte kein Wort. Die Torte wollte nicht mehr hinunter.

adapted from Hans Ruesch, *Die Sonne in den Augen*
(Steinberg Verlag, Zürich)

Answer in English:

1. Describe in detail the house as Giovanni sees it.
2. What has Giovanni to negotiate to get into the house and
   what comment does he make on it?
3. In what way does he find that Donna Lucia's house resembles
   his own?
4. What sight meets his eyes when he enters the house?
5. How does Donna Lucia greet him?
6. Where are her sons at this time?
7. Describe (*a*) Lucciola's appearance and feelings on seeing
   Giovanni, (*b*) Giovanni's reaction to the presence of Lucciola.
8. How does Lucciola react to her mother's instruction to prepare
   coffee?
9. How does Giovanni explain his failure to come home a rich
   man?

10. What evidence do we have of disappointment on the part of Donna Lucia?
11. What significant changes in the cost of living does she mention?
12. What form does Giovanni's embarrassment take?

8

The Nocturnal Intruder

Gegen zwei Uhr nachts wachte Bärlach plötzlich auf. Er war früh zu Bett gegangen und glaubte, durch irgendein Geräusch geweckt worden zu sein. Erst nach einigen Augenblicken fand er sich zurecht.[1] Er lag nicht im Schlafzimmer, wie es sonst seine Gewohnheit war, sondern in der Bibliothek; denn, auf eine schlechte Nacht vorbereitet, wollte er, wie er sich erinnerte, noch lesen; doch mußte ihn mit einem Male ein tiefer Schlaf übermannt haben. Seine Hände fuhren über den Leib, er war noch in den Kleidern; nur eine Wolldecke hatte er über sich gebreitet.

Er horchte. Die Finsternis des Raumes war tief, aber nicht vollkommen; durch die offene Tür des Schlafzimmers drang schwaches Licht, von dort schimmerte der Schein der stürmischen Nacht. Mit der Zeit erkannte er im Dunkeln ein Büchergestell und einen Stuhl, auch die Kante des Tisches, auf dem, wie er mühsam erkannte, noch immer der Revolver lag.

Da spürte er plötzlich einen Luftzug, im Schlafzimmer schlug ein Fenster, dann schloß sich die Tür mit einem heftigen Schlag. Er begriff. Jemand hatte die Haustür geöffnet und war in den Korridor gedrungen. Bärlach stand auf, und machte an der Stehlampe Licht. Er ergriff den Revolver und entsicherte[2] ihn.

Da machte auch der andere im Korridor Licht. Bärlach, der durch die halboffene Tür die brennende Lampe erblickte, war überrascht; denn er sah in dieser Handlung des Unbekannten keinen Sinn. Er begriff erst, als es zu spät war. Er sah die Silhouette eines Arms und einer Hand, die in die Lampe griff, dann leuchtete eine blaue Flamme auf, es wurde finster: der Unbekannte

hatte die Lampe herausgerissen und einen Kurzschluß[3] herbeige-
führt. Bärlach stand in vollkommener Dunkelheit: er mußte jetzt
im Finstern kämpfen.

> adapted from FRIEDRICH DÜRRENMATT, *Der Richter und
> sein Henker* (Benziger Verlag, Einsiedeln-Zürich-Köln)

[1] **sich zurechtfinden,** to get one's bearings
[2] **entsichern,** to release the safety-catch
[3] **der Kurzschluß,** short circuit

Answer in English:

1. What was Bärlach's first thought on waking suddenly at 2 a.m.?
2. When he had taken his bearings, where did he find himself, and why?
3. What did he discover about himself by touch?
4. What light was there, and where did it come from?
5. Name the objects he gradually distinguished in the darkness.
6. What did he next feel and hear, and how did he explain these to himself?
7. What four things did he at once do?
8. Why did he feel surprised?
9. Describe fully what happened after he had 'realised too late'.
10. Why was the situation now much more dangerous for him?

9

Harbour Scene in Marseilles

Über der Stadt Marseille und ihrem Hafen leuchtete ein sonniger
Morgen—nicht eben warm, aber doch lau und nach nordischen
Begriffen unwinterlich. Monsieur Beauvais, bekleidet mit einer
alten, blauen Tuchhose, einem roten Pullover und weißen
Leinenschuhen, saß auf dem kleinen Landesteg und ruhte sich trotz
der frühen Stunde bereits aus. Das war um diese Jahreszeit seine

Hauptbeschäftigung; sie trug zwar nichts ein, kostete aber auch nichts.

Es stand nicht zu erwarten, daß jemand erschien, zum Beispiel ein Fremder, und die Dienste des Herrn Beauvais in Anspruch nahm[1]. Trotzdem hatte er, wie jeden Morgen, sein Motorboot geputzt, besonders das Mahagoniholz, die Messingteile[2] und die Glasscheiben, die vorn und zu beiden Seiten gegen den Wind schützten. Es war ein schönes Boot, Herr Beauvais liebte es, und in der Reisezeit verdiente er damit so viel, daß er sich während der kurzen Winterwochen jene Beschaulichkeit[3] gönnen konnte, die das Leben erst lebenswert macht.

Er saß also in der lauen Sonne, fischte gerade in seiner linken Hosentasche nach dem Zigarettenpäckchen und fuhr mit der andern Hand über das stoppelige Kinn, das er wohl in absehbarer Zeit rasieren müßte, als eine leichte Erschütterung des Landestegs ihm anzeigte, daß er Besuch bekam. Ohne sich umzudrehen, und weil seine Aufmerksamkeit durch einen Ozeandampfer in Anspruch genommen wurde, sagte er: „Du kommst eben recht, um mir Feuer zu geben, Gustave."

Wunschgemäß wurde hinter ihm ein Zündholz angerissen, aber es war nicht die Stimme seines Freundes Gustave, die sagte: „Guten Tag, Monsieur Beauvais!"

Daraufhin wandte sich Beauvais nun doch um, aber mit einer Langsamkeit, die zeigte, daß er seinen Ohren nicht traute. „Mein Gott, wahrhaftig!" rief er dann und sprang schnell auf. „Wahrhaftig, ich habe mich nicht getäuscht, Sie sind es, Monsieur! Seit zwei Jahren habe ich Ihre Stimme nicht gehört, aber Beauvais ist kein Dummkopf, er vergißt seine Freunde nicht. Welche Freude, Sie wiederzusehen!"

„Sie haben Zeit?" fragte Fox.

„Mehr als genug, und für Sie mitten in der Nacht, wenn es sein muß."

adapted from HORST WOLFRAM GEISSLER, *Lady Margarets Haus* (Sanssouci Verlag, Zürich)

[1] **in Anspruch nehmen**, to claim
[2] **das Messing**, brass
[3] **die Beschaulichkeit**, contemplation

16

Answer in English:

1. What sort of morning was it in Marseilles despite the season?
2. Describe the clothing worn by Monsieur Beauvais.
3. Where was he sitting?
4. What was his main occupation at this season and what were its advantages and disadvantages?
5. What was not very likely to happen?
6. Recount in detail what he had nevertheless done to his boat that morning.
7. How did it serve him well?
8. How were his hands now employed as he sat in the sun?
9. What gave him warning of someone's approach?
10. What false assumption did he make, and why?
11. What was his request and how was it answered?
12. Explain fully the reasons for his surprise and pleasure.

10

Floods in Schleswig-Holstein 1

(This extract and the following one are taken from the school magazine of the Mittelschule in Itzehoe, a town which suffered in the severe Spring floods of 1962, when the river Stör overflowed.)

Am 16. Februar 1962 hatten wir den ganzen Tag über einen orkanartigen[1] Sturm. Schon am Nachmittag wurden die an der Stör liegenden Gehöfte überflutet. Wegen des Sturmes konnte das Wasser auch während der Ebbe nicht ablaufen. Gegen Abend, als das Wasser noch mehr auflief, kamen die ersten Sturmflutwarnungen über den Rundfunk. Um 22 Uhr ging ich ins Bett. Doch mein Schlaf sollte nicht lange dauern; gegen 23 Uhr wurde ich wachgerüttelt.

„Aufstehen! Das Wasser ist schon bis zur Tür!" Ich bekam die

Aufgabe, die Waren in unserem Laden einen halben Meter höher zu stellen. Dann wurde die Haustür verriegelt. „Das Wasser läuft jetzt in den Flur!" schrie bald darauf der Nachbar. Unaufhörlich stieg das Wasser. Jetzt galt es, zu retten was noch gerettet werden konnte. Matratzen, Federbetten[2], Kleidungsstücke, Decken und einige Schulbücher wurden auf den Boden getragen. Aber plötzlich brach die Haustür unter dem Druck des Wassers auf; die Flut drang wie ein Wasserfall in das Haus ein. In wenigen Sekunden hatte es eine Höhe von einem Meter erreicht.

Jetzt mußten wir ins erste Stockwerk. Völlig durchnäßt saßen wir dann bei unsern Nachbarn. Als wir uns einigermaßen getrocknet hatten, gingen wir abwechselnd, mit einer Kerze in der Hand, zur Treppe. Das Wasser stieg immer noch. Erst gegen 4 Uhr ging es langsam zurück. Um 7 Uhr konnten wir in Gummistiefeln die Wohnung wieder betreten. Es war ein schrecklicher Anblick! Schränke, Stühle, Tische waren umgekippt. Die Fußböden waren mit Schlamm bedeckt. Als wir die Ladentür öffneten, sahen wir etwas Unvorstellbares: Nudeln, Mehl, Salz, Zucker hatten sich mit dem Wasser zu einem Brei vermischt. Dazwischen schwammen Eier, Obst und Konserven. Alle elektrischen Geräte, Kühlschrank, Kaffeemühle und Herd waren zerstört.

Doch kamen sofort Freunde zu uns und halfen, die Wohnung wieder zu reinigen. Die Möbel wurden zum Trocknen und Polieren gebracht. So nach und nach entstand wieder Ordnung.

BRIGITTE GRITSKA

[1] **der Orkan (-e)**, hurricane
[2] **das Federbett (-es, -en)**, eiderdown, very light bed-covering commonly used in German houses

Answer in English:

1. How and when were the inhabitants warned of the impending danger?
2. What happened to the writer at 11 p.m.?
3. What task was she given to do?
4. Which articles were carried to safety and where?
5. What happened under the pressure of the water?

18

6. How and where did the family spend the rest of the night?
7. What did they do in turn, and why?
8. Describe the scene which confronted them in the morning (*a*) when they re-entered their flat, (*b*) when they opened the shop door.
9. Which electrical appliances were out of order?
10. What measures were afterwards taken to restore order in the house?

11

Floods in Schleswig-Holstein 2

Die Uhr schlug zwölf, als mein Vater heraufkam. Ich war gerade ins Bett gegangen und lag schon im Halbschlaf. Aber als er erzählte, das Wasser stehe schon auf dem untern Marktplatz, war ich plötzlich hellwach. In Windeseile zog ich mich wieder an und stand bald darauf in der Straße, angezogen mit Gummistiefeln, Nietenhosen[1] und Paddelanorak.

Das schmutzige Wasser hatte die Straße schon überflutet und trieb alle möglichen Gegenstände vor sich her. Abgestellte Autos standen auf dem Markt schon bis zum Dach unter Wasser. Eine Familie versuchte verzweifelt, ihr Haus mit Sandsäcken vor dem eindringenden Wasser zu schützen. Ich war überwältigt vom Anblick der immer höher steigenden Wassermassen.

Der Sturm heulte um die Hausecken, Dachpfannen[2] polterten herab, das Licht erlosch. Nur der Mond erleuchtete die Schreckensnacht. Menschengruppen standen zusammen, rauchten fröstelnd, bis Soldaten mit „hochbeinigen" Lastwagen erschienen. Es dauerte nicht lange, da hatte die Bundeswehr[3] ein Schlauchboot[4] als Rettungsboot herangefahren. Soldaten stiegen in das eiskalte Wasser und kletterten in die Boote. Unter lauten Kommandorufen trieben sie die Boote mit Hilfe ihrer Stechpaddel an den Häuserwänden entlang. Ich durfte auch mit einsteigen, und mit geübtem

19

Schlag führte ich das Paddel durch das vom Wind gepeitschte Wasser. In allen Häusern waren die Menschen fieberhaft damit beschäftigt, Möbel und Teppiche in obere Stockwerke zu tragen.

Wir holten alte Leute aus ihren Wohnungen; die meisten standen schon auf den Tischen. Kleine Kinder, nur mit ihrem Schlafanzug bekleidet, barfuß, in eine Decke gewickelt, alte Frauen und Männer wurden mit unserm einen Schlauchboot befreit und in Sicherheit gebracht.

Als das Wasser seinen höchsten Stand erreicht hatte, war es fast 4 Uhr. Man sah nichts als Wasser und herumtreibende Gegenstände. Dann trat die Ebbe ein, und der Wind flaute allmählich ab. Um 5 Uhr morgens konnte ich meine nassen Sachen ausziehen. Ich fiel todmüde ins Bett, um noch etwas vor dem Schulbeginn zu schlafen.

UWE HANSEN

[1] **die Nietenhose (-n)**, jeans
[2] **die Dachpfanne (-n)**, roof tile
[3] **die Bundeswehr**, Federal German Army
[4] **das Schlauchboot (-e)**, rubber dinghy

Answer in English:

1. What brought the writer wide awake and at what hour?
2. How was he dressed as he stood in the street?
3. Describe the scene that met his eyes.
4. What was one family desperately trying to do?
5. Apart from the flooding, what further damage was caused by the storm?
6. What did groups of people do as they waited for troops to arrive with rescue equipment?
7. How and where were the rescue boats directed?
8. What part did the writer play in the rescue work?
9. What were most people frantically doing?
10. How were many of the small children dressed?
11. What happened at 4 a.m.?
12. Describe how the writer felt and what he did an hour later.

12

After the Accident

Als die Schwester gegangen war, kam noch einmal der Arzt, Der Verunglückte[1] schien ihm jetzt ruhiger zu sein, die Morphiumspritze hatte gewirkt. Der Arzt beschloß, es ihm noch nicht zu sagen, daß er sein Bein verlieren würde. Das hatte Zeit; erst mal entdecken, wer dieser Mann eigentlich war. Das Auto war bis zur Unkenntlichkeit ausgebrannt gewesen, und in der Brieftasche hatte nur ein zusammengeschmortes Foto der Hitze standgehalten; es war so etwas wie eine Katze darauf zu sehen; bißchen wenig, fand der Doktor, um einen halb besinnungslosen Schwerverletzten[2] zu identifizieren.

Er zog sich einen Hocker heran und beugte sich über das Bett. Der Verunglückte sah ihn mißtrauisch an.

„Hallo", sagte der Doktor, „da sind wir ja wieder."

„Was ist passiert?" fragte der andere.

„Sie sind mit dem Auto gegen ein Brückengeländer[3] gerast[4]."

Der Mann schloß ächzend die Augen. „Ich erkannte sie zu spät. Sie saß plötzlich mitten auf der Chaussee. Man sah im Dunkeln nur ihre Pupillen aufglühen. Ich riß das Steuer rum—"

„Von wem reden Sie?" unterbrach ihn der Arzt.

„Von der Katze", sagte der Mann.

„Ach, eine Katze hat das verschuldet?"

Der andere nickte erschöpft. Er hatte noch immer die Augen geschlossen, seine Lider zuckten. „Ich hätt' sie überfahren sollen", sagte er plötzlich und versuchte, sich hochzustemmen, „dann hätt' ich Ruhe gehabt." Er sank wieder zurück.

„Ruhe?" fragte der Arzt, „wovor?"

„Na, vor i h r !" Der Mann schrie fast; er zitterte.

„Beruhigen Sie sich", sagte der Arzt. Er zog seinen Hocker noch etwas näher heran; der Fall fing an, ihn zu interessieren.

„Wie lange haben Sie das schon?"

„Was?"

„Na, diesen—Katzenkomplex."

> adapted from WOLFDIETRICH SCHNURRE, „Die Tat" aus
> *Eine Rechnung, die nicht aufgeht* (Walter Verlag, Olten)

¹ **der Verunglückte** (*adj. noun*), victim of an accident
² **der Schwerverletzte** (*adj. noun*), seriously injured man
³ **das Brückengeländer**, parapet
⁴ **rasen**, to drive fast

Answer in English:

1. To whom was the doctor speaking?
2. What treatment had he prescribed and what effect had it had?
3. What did the doctor decide to conceal for the time being?
4. What had he to find out first?
5. Why was this difficult?
6. How and where had the accident happened?
7. Give details of what the man remembered about the cause of the accident.
8. What surprising statement did he suddenly make?
9. What signs were there that the man was disturbed as he related this?
10. Why did the doctor speak of a 'cat complex'?

13

German Soldiers in Poland

Willi geht stumm seinen beiden Kameraden voran durch die Ausgangstüre des Bahnhofs, überquert, ohne ein Wort zu sagen, einen großen Platz, der von Menschen wimmelt, und dann sind sie sehr schnell in einer dunklen, schmalen Quergasse. Da steht ein Auto an der Ecke, ein sehr wackeliges Personenauto, und es ist

22

wie ein Traum, daß Willi den Fahrer kennt. Er ruft „Stani", und es ist wieder wie ein Traum, daß sich ein verschlafener, schmutziger alter Pole erhebt und grinsend Willi erkennt. Willi nennt einen polnischen Namen, und es geht sehr schnell, daß sie mit ihrem Gepäck alle drei in der Taxe sitzen und durch Lemberg fahren. Da sind Straßen wie überall in der Welt in großen Städten. Breite, elegante Straßen, abfallende Straßen, traurige Straßen mit gelblichen Fassaden, die ausgestorben scheinen. Sie fahren in eine sehr breite Allee hinein, eine Allee wie überall und doch eine polnische Allee, und Stani hält. Er bekommt einen Geldschein, fünfzig Mark sieht Andreas, und Stani hilft jetzt grinsend das Gepäck auf den Bürgersteig legen, alles sehr schnell. Es geht wiederum sehr schnell, daß sie einen verwilderten Vorgarten durchschreiten und in einen sehr langen Flur treten in einem Haus, dessen Fassade zu zerbröckeln scheint. Vielleicht hat hier ein hoher Offizier gewohnt, denkt Andreas, damals, als noch Walzer getanzt wurde, oder ein Oberregierungsrat[1], was weiß er. Das ist ein altes österreichisches Haus, wie sie überall stehen, auf dem ganzen Balkan, in Ungarn und Jugoslawien.

adapted from HEINRICH BÖLL, „Der Zug war pünktlich"
aus *1947 bis 1951* (Friedrich Middelhauve Verlag, Köln)

[1] **der Oberregierungsrat** (⸚ e), senior government official

Answer in English:

1. In what order do the three soldiers leave the station?
2. Describe in detail the place to which Willi takes his friends.
3. What do they find there?
4. What two things seem so strange as to be like a dream?
5. Give a description of the driver.
6. What follows immediately on Willi's instructions to him?
7. What impressions do the soldiers have of the streets through which they pass?
8. Where do they finally stop?
9. What form of payment does Stani receive and how does he help the three men?

10. How do they reach the house?
11. Who might have lived in the house at one time, according to Andreas?
12. Where were such houses often to be found?

14

A Friendly Fisherman

Von oben stieß ich auf die grüne Paßhöhe, ich erkannte den Überweg; auch das verfallene Rasthaus, das man mir beschrieben hatte, sah ich liegen. Ich hielt nicht an, ich rastete nicht mehr; auf den kurzen und engen Windungen des Wegs eilte ich abwärts. Endlich sah ich auf der letzten Talstufe unter mir das alte Dorf, das einst den Talschluß bewacht hatte.

Meine Kleider, die in den Bergen dienlich[1] gewesen waren, wurden jetzt lästig; in den Wäldern wechselte ich sie gegen die zweite, leichtere Kleidung aus, die ich im Rucksack führte. Der Tausch[2] schien eine Verwandlung, leichter kam ich hervor; der Rucksack mußte jetzt schwerer auf meinen Schultern liegen, doch ich empfand die Last nicht. Wo es zur Kirche hinüber und dann zur Burg hinaufging, sah ich ein Gasthaus, ich spürte Lust auf Brot und Wein. Ich legte ab, und sogleich machte mich der Platz glücklich, ein leichtes Dach aus Weinranken, an denen Trauben sich bräunten. Durch die Laubgitter konnte ich die Straße erkennen; Fahrzeuge schienen ununterbrochen zu rollen, doch machte keines halt.

Und trotzdem fand ich bald Gesellschaft. Denn ein Angler mußte aus der Schlucht heraufgestiegen sein, der jetzt eintrat; er kam auf feuchten Leinenschuhen, die kein Geräusch verursachten, er kam in Hemd und Hose und führte einen Strohhut bei sich und trug Angelruten und einen Eimer in der Hand. Er grüßte mit offenen Lippen und sah nicht weg, so wie es in unseren Ländern der Brauch und fast eine Höflichkeit ist, sondern er setzte sich zu mir, und bis das Mädchen gekommen war, das Brot und Wein bringen sollte, fragte er: ob er anbieten dürfe? und brachte ein Päckchen zum Vorschein.

So kamen wir ins Gespräch, und er trank auch von meinem Wein mit und ruhte sich mit mir im Schatten aus, so als wären wir schon manchmal zusammengetroffen. Ich fragte, wie der Fang sei und er antwortete, indem er einen Schluck Wein nahm und ein Stück Brot mit den Zähnen packte: Fischen sei bloß eine Weise nachzudenken. Den Fang gebe man hier dem Wasser zurück. Er stand auf, grüßte und dankte und winkte im Aufbrechen noch einmal mit der Hand, hatte dann sein Gerät ergriffen und verschwand wieder fast lautlos den Hügel hinab.

adapted from GERD GAISER, *Am Paß Nascondo*
(Carl Hanser Verlag, München)

¹ **dienlich**, serviceable
² **der Tausch (-e)**, exchange

Answer in English:

1. What did the traveller recognise as he came over the pass?
2. What sort of path led downhill?
3. Where was the village situated?
4. Why did the traveller change his clothes?
5. State the advantage and disadvantage of this action.
6. Where was the inn and what did the traveller suddenly long for?
7. Describe the inn and what could be seen and heard from it.
8. How was the fisherman dressed and what was he carrying in his hand?
9. Recount in detail how he behaved towards the stranger.
10. For what reasons did it seem as if they had often met before?
11. What were the angler's views on fishing?
12. How did he take his leave?

15

Hurricane Warning

Nicht der Wecker war es, der den Jungen am folgenden Morgen aufschreckte. Es war Peggys ununterbrochenes Klopfen und ängstliches Rufen.

„Hör dir das an, Charlie!" schrie sie ihrem Bruder zu. Das Prasseln des Regens auf das Dach und gegen die Fenster und ein kurzer Donnerschlag rissen den Jungen zu letzter Wachheit.

„Ich gehe ins Kaminzimmer", antwortete er. „Es müssen ja auch bald die Nachrichten kommen. Und du, Peggy, sieh zu, daß wir möglichst schnell eine Tasse Kaffee kriegen."

Im Wohnzimmer sah Charlie auf die Uhr, sprang zum Radio und stellte den Apparat ein. Als das Pausenzeichen[1] kam, trat er zum Fenster und spähte durch einen Spalt hinaus. Regengeprassel und Sturmgeheul waren noch heftig. „Sieben Uhr, und immer noch fast nachtdunkel", sagte er leise.

Peggy kam mit dem gefüllten Tablett aus der Küche. Gerade, als sie es auf den Tisch absetzte, brach das Pausengeräusch ab, und dann war die Stimme des Ansagers da: „Es ist jetzt sieben Uhr, sieben Uhr. Achtung! Achtung! Das Wetterbüro gibt eine dringende Warnmeldung: Fluten in Höhe von neun bis zehn Fuß werden in den nächsten Stunden an der Küste von Texas erwartet. Alle Vorsichtsmaßnahmen sollten beschleunigt[2] fortgeführt werden."

Sogleich fing Peggy an: „Richtig wäre es, in unser Boot zu schaffen, was wir nötig haben: Decken, Kleidung, Zelte, und alle Eßsachen, die wir haben, und die Familientruhe[3] mit den Erinnerungen!"

„Und die Nähmaschine und den Kühlschrank", spottete ihr Bruder. „Vergiß nicht, daß es ein Flachboot ist!"

„Ach, was! Wir haben schon mit acht Leuten darin gesessen, und da die Eltern fort sind, sind wir augenblicklich nur zwei."

adapted from HANNS RADAU, *Drei im Hurrikan*
(Hoch Verlag, Düsseldorf and Otto Maier Verlag, Ravensburg)

[1] **das Pausenzeichen (-)**, interval signal
[2] **beschleunigen**, to speed up
[3] **die Truhe (-n)**, trunk, chest

Answer in English:

1. What combination of noises woke Charlie and what had failed to do so?
2. What did he decide to do first, and why?
3. In what way was his sister to help?
4. Describe exactly what Charlie did when he went into the living-room.
5. What were weather conditions like at 7 a.m.?
6. At what moment did Peggy come into the room and what was she carrying?
7. Translate the text of the radio announcement.
8. What did Peggy at once suggest they should do?
9. In what way did her brother make fun of her?
10. What was Peggy's answer?

16

The Spirit of Adventure

„Unbekanntes Land", diese zwei Worte kennt der Betrachter moderner Landkarten nicht mehr. Unsere Großväter fanden sie noch in ihren Atlanten[1]. Und wenn wir gar einige Jahrhunderte weit zurückgreifen, die Weltkarten vom Beginn der Neuzeit aufschlagen, dann finden wir das geheimnisschwere[2] *Terra incognita* (Unbekanntes Land) in Nord und Süd und Ost und West.

Wagemutige Männer fuhren hinaus auf die Weltmeere, sie schlugen sich Pfade durch die Urwälder, sie suchten sich Wege durch die endlosen Wüsten, sie trieben ihre Schlittenhunde über das ewige Eis. Viele kehrten nicht zurück—ertrunken, erschlagen, verdurstet, erfroren. Aber immer neue Forscher zogen hinaus, getrieben von der uralten Sehnsucht der Menschheit nach dem Unbekannten. Und jedesmal wenn einer zurückkam, dann konnte er ein weißes Fleckchen auf der Landkarte ausfüllen mit seinen Beobachtungen, Messungen, Erlebnissen.

Wir kennen heute die Erdkugel bis hin zu ihren entlegensten Winkeln. Zuweilen macht uns das ein bißchen traurig. Es gibt kein neues Land mehr zu entdecken. Wir suchen uns Ersatz-Abenteuer. Die einen klettern unbegangene Steilwände zu Gipfeln hinauf und erleben Stolz, Glück und Ruhm als Erstbesteiger, obwohl man vielleicht von der anderen Seite her denselben Gipfel mit der Seilbahn[3] erreichen kann. Andere stülpen[4] sich Tauchmasken vors Gesicht und betrachten sich die Ferienküsten ein paar Meter unter der Meeresoberfläche.

Das ganz große Unbekannte jedoch schien aus unserer Welt verschwunden zu sein. Da durchstieß die erste Rakete den Atmosphäre-Mantel unserer Erde, flog—noch unbemannt—im Weltall. Das erste Atom-U-Boot tauchte unter die Eiskappe des Nordpols. Plötzlich war das große Abenteuer wieder da. Wieder mußten kühne Männer ihr Leben wagen. Sie sind unsere Zeitgenossen. Ihr Abenteuer ist das große Abenteuer unserer Zeit—unser Abenteuer.

> adapted from Horst Scharfenberg, *Mit Weltraum-kapsel und Atom-U-Boot zu neuen Horizonten*
> (Otto Maier Verlag, Ravensburg)

[1] **der Atlas**, atlas
[2] **geheimnisschwer**, mysterious
[3] **die Seilbahn**, funicular railway
[4] **sich stülpen**, to put on, shove on

28

Answer in English:

1. What is the main difference between our maps of today and those of about 400 years ago?
2. In what ways has the map of the world been 'filled in', and by whom?
3. What losses were suffered in the process?
4. Why were explorers not deterred by such dangers and failures?
5. What were the fruits of such explorations?
6. Why have other forms of exploration been developed?
7. What prestige does a climber now enjoy, and why is this strange?
8. In what other element do some modern explorers operate? Name one part of their equipment mentioned in the passage.
9. What two events have radically altered man's outlook in recent years?
10. Why is this especially exciting for us?

17

Encounter in Central America

Die zweimotorige Maschine der Pan American Airways hatte sich gegen Mittag von dem nahezu dreitausend Meter über dem Meeresspiegel liegenden Hochplateau von Mexico City erhoben. Wir waren, noch auf mexikanischem Boden, etwa ein halbes dutzendmal zwischengelandet, und als es zu dämmern begann, rollte die Maschine auf dem Flugplatz der Hauptstadt von Guatemala aus. Dort wollte ich übernachten, um am nächsten Tag nach Panama weiterzufliegen.

Ich kannte in diesem Land keine Menschenseele und hatte mich bereits darauf eingerichtet, früh zu Bett zu gehen, um einmal tüchtig auszuschlafen. Es sollte ganz anders kommen.

Als ich aus dem Zollgebäude trat und eben in einen der kleinen Busse steigen wollte, die die Passagiere in die Stadt befördern[1], hätte mich um ein Haar ein Auto erwischt[2], das in letzter Sekunde mit laut kreischenden Bremsen vor mir stoppte.

„Ich hätte dich um ein Haar verpaßt", rief der Mann am Steuer zu mir herüber.

Wer viel unterwegs ist und Weltreisen öfters macht, wird selten überrascht. So fand ich durchaus nichts Außergewöhnliches dabei, hier in Zentralamerika einen Kameraden aus dem Krieg wiederzufinden, den ich seitdem nicht mehr gesehen hatte, bis er vor sechs Jahren eines Morgens in Addis Abeba plötzlich vor mir stand. Dann waren unsere Wege abermals auseinandergegangen und nun erschien er hier in Guatemala plötzlich wieder vor mir: Lukas mit seinem offenen Blick, seinem sonnigen Gemüt und seinem jungenhaften Benehmen.

Wir freuten uns beide. „Steig ein", sagte Lukas, „mit mir fährst du schneller."

Er fuhr wie ein Wahnsinniger. Die Landschaft glitt so schnell an unsern Wagenfenstern vorbei, daß ich meine Versuche, irgend etwas zu erkennen, bald aufgab. Lukas gab mir in wenigen Worten einen kurzen Abriß[3] seines Lebens. Nach Äthiopien hatte er noch China „mitgenommen". Dann war er nach Neuseeland gegangen. Nach einer kurzen Zwischenstation in San Francisco wechselte er nach Bolivien über. Jetzt war er Chefinstrukteur des guatemalischen Flugwesens.

„Hier gefällt es mir gut", meinte er, „Gute Bezahlung. Feine Maschinen. Gelehrige Schüler. Freundliche, fröhliche Menschen."

adapted from JOSEPH KESSEL, *Zeuge in heilloser Zeit*
(Verlag Kurt Desch, München)

[1] **befördern,** to despatch, take (passengers)
[2] **erwischen,** to catch
[3] **der Abriß (-(ss)e),** summary, outline

Answer in English:

1. Describe the situation of Mexico City.
2. In roughly how many stages had the plane made the flight to Guatemala and how long had the flight taken?

3. What were the author's plans for that night and why had he so decided?
4. What was his intention as he left the Customs building?
5. What alarming incident suddenly occurred?
6. Why was the author not unduly surprised?
7. Who was the man at the wheel of the car?
8. When and where had the author last seen him?
9. Which qualities made him especially attractive?
10. How did he drive?
11. Why did the author give up all attempt to notice where he was going?
12. Recount how his friend had spent the intervening years and state his reasons for enjoying his work in Guatemala.

18

A Medical Enigma

Am andern Morgen konnte Bärlach folgendes über den Mann auf dem Bild berichten:

„Ich bin hier im Besitz des Lebenslaufs dessen, den wir unter dem Namen Nehle kennen. Seine Herkunft ist düster. Er wurde 1890 geboren; er ist Berliner. Sein Vater ist unbekannt, seine Mutter ein Dienstmädchen, das den Knaben bei den Großeltern ließ, ein unstetes[1] Leben führte, später ins Korrektionshaus kam und dann verschwand. Der Großvater arbeitete bei irgendeinem Eisen- oder Stahlwerk; in seiner Jugend ist er aus Bayern nach Berlin gekommen. Die Großmutter ist eine Polin.

Nehle besuchte die Volksschule und rückte[2] dann vierzehn ein, war bis fünfzehn Infanterist. Er wurde dann ins Sanitätskorps versetzt, dies auf Wunsch eines Sanitätsoffiziers. Hier schien auch ein unwiderstehlicher Trieb zur Medizin erwacht zu sein; er wurde mit dem Eisernen Kreuz ausgezeichnet, weil er mit Erfolg Notoperationen durchführte. Nach dem Krieg arbeitete er als

31

Medizingehilfe in verschiedenen Spitälern, bereitete sich in der Freizeit auf das Maturitätsexamen[3] vor, um Arzt studieren zu können. Er fiel aber zweimal in der Prüfung durch: er versagte in den alten Sprachen und in der Mathematik. Der Mann scheint nur für die Medizin begabt gewesen zu sein. Dann wurde er Naturarzt und Wunderdoktor, zu dem alle Schichten[4] des Volkes liefen. Er kam mit dem Gesetz in Konflikt, wurde aber mit einer nicht allzu großen Buße gestraft, weil, wie das Gericht feststellte, seine medizinischen Kenntnisse erstaunlich seien. In den dreißiger Jahren dokterte Nehle in Schlesien, Westfalen und im Bayrischen herum. Dann nach zwanzig Jahren die große Überraschung: achtunddreißig besteht er die Maturität. Seine Leistungen in den alten Sprachen und in der Mathematik waren glänzend! Zum allgemeinen Erstaunen jedoch verschwindet er als Arzt in den Konzentrationslagern."

adapted from FRIEDRICH DÜRRENMATT, *Der Verdacht*
(Benziger Verlag, Einsiedeln-Zürich-Köln)

[1] **unstet,** restless, unstable
[2] **einrücken,** to join the ranks, enlist
[3] **das Maturitätsexamen,** matriculation, school-leaving examination
[4] **die Schicht (-en),** stratum, class (of society)

Answer in English:

1. Recount in detail what you are told about Nehle's origins and early life.
2. In what year did he join the Army and in what branch did he first serve?
3. To which other branch was he transferred, and why?
4. What seemed then to be awakened in him?
5. What special services did he render and how was he rewarded?
6. Where did he work after the war and how did he spend his leisure?
7. What prevented him from following out his design?
8. In what capacity did he continue his medical work?
9. In what ways was this career both a success and a failure?

10. Why was his punishment not too severe?
11. What happened finally in 1938, to everyone's amazement?
12. With what astonishing act did he follow this up?

19

A Paradise in Mahlendorf

Ich sitze im Garten. Drüben im Haus höre ich die Maurer arbeiten. Sie machen aus der Räucherkammer ein Badezimmer, aus der Rumpelkammer eine Kinderstube, sie reißen die Dielen auf, setzen Öfen, flicken Schornsteine. . . .

Das Haus liegt ein wenig abseits vom Dorf, zwischen Obstbäumen, von hohen Tannen beschirmt, am Ufer eines großen Sees. Mit fünfzehn Schritten sind wir vom Hause am Wasser. Der See ist tief, sein Wasser kristallklar, noch in der stärksten Sommerhitze bleibt es kühl. Wenn im August der Tag sehr heiß ist, wenn es beinahe Essenszeit ist, stürzen, schwitzend von der Hitze vom Küchenherd, Hausfrau und Tochter erst noch einmal in den See. Ein wenig feucht, aber kühl und lächelnd setzen sie sich an den Tisch.

Weitab liegt unser Dorf von der Welt, obwohl Berlin in zwei Autostunden zu erreichen ist. Nicht einen Tag, nicht eine Stunde haben wir es bedauert, uns hier ein Haus gekauft zu haben.

Es ist mit den Jahren ein recht teueres Haus geworden—ich glaube, für das Geld, das ich in das alte Haus gesteckt habe, hätte ich zwei bauen können. Es hat unendlich vieler Arbeit bedurft, um aus der Unkraut- und Steinwüste einen wirklichen Garten zu machen. Aber Haus wie Land haben jede Mühe gelohnt. Jedes Jahr wurde es noch ein bißchen schöner.

Für unsere Kinder ist das schönste auf der Welt Mahlendorf. Wenn wir nach Berlin fahren, so betteln sie: ,,Ach, nehmt uns doch mit!'' Aber kaum sind wir drei Tage in Berlin, so langweilen sie Autos, Zoo und Cafés, sie fragen: ,,Fahren wir nicht bald wieder nach Haus? Es ist so langweilig in Berlin!''

In Mahlendorf gibt es keine Langweile. Kein Sommerferientag ist zu lang. Die Kinder finden ihre Beschäftigung. Sie spielen zwischen Blätterhaufen, Kompost und Holz, jagen sich im Obstgarten, verstecken sich auf dem Heuboden, rudern auf dem See, schwimmen im See, spielen mit dem Hund, rennen ins Dorf... Berlin? Ach was, Berlin! Mahlendorf!!!

adapted from HANS FALLADA, *Heute bei uns zu Haus*
(Rowohlt Verlag, Hamburg)

Answer in English:

1. Who are at work in the house and what are they doing there?
2. Describe the situation of the house.
3. In what circumstances is the situation of the house a real advantage?
4. How does the writer estimate in terms of money, time and effort the wisdom of the move to Mahlendorf?
5. How has the garden changed in appearance?
6. Show, from evidence in the text, that the delights of Mahlendorf are, in the children's eyes, far superior to the pleasures of Berlin.

20

Outward Bound

(Two German Army officers are driving at night in an armoured car through dense forest. One feels at home in this setting, the other is uneasy and thinks they have taken the wrong way back to camp.)

„Stefan", flüsterte der Major nach einer Weile wieder, „ich möchte dich etwas fragen."

34

„Was ist es nun?" antwortete Jenczy und dachte unmutig: er fängt wieder an. Aber zugleich verwundert und erleichtert hörte er, wie der Major fragte: „Hast du jemals eine Aufführung des Stückes gesehen, das den Titel trägt *Outward Bound*?"

„Ja, ich habe es gesehen. Warum fragst du?"

„Entsinnst du dich noch der Handlung dieses Stücks?"

„Ich will versuchen, sie dir zu erzählen. Der Vorhang ging auf, und auf der Bühne zeigte sich eine Bar. Der Mixer stand hinter dem Tisch, und auf den hohen Stühlen vor ihm saßen die Mädchen und einige Gäste. Die Mädchen waren in Abendkleidern, die Gäste im Frack. War es so?"

„Ja, erzähl weiter."

„Nach und nach erst wurde deutlich, daß alle diese munteren Wesen nicht Lebende, sondern Tote waren. Die Bar befand sich in einem Schiff, das ganz mit Toten angefüllt war und über die Meere kreuzte. Das Schiff entpuppte sich als Totenschiff, als eine Art Fliegender Holländer. Das Ganze war wunderlich, denn lauter Tote aßen, tranken und sangen da."

„Nun, und wir?"

„Was meinst du?"

„Ich meine", sagte der Major, „daß wir in dem gleichen Falle sind. Auch wir sind tot, wir sind *outward bound*."

Er schwieg, Jenczy antwortete nicht, und von da an wurde kein Wort mehr gesprochen.

Der Wagen hielt mit einem Ruck; er war auf die Vorposten der Division gestoßen. Er hielt und fuhr sogleich nach dem Sitz des Stabes[1] weiter. Der Major stieg vor Jenczy aus und warf sich sofort auf die grasige Böschung[2]. Zu seiner Verwunderung bemerkte Jenczy, daß sein Freund in tiefem Schlafe lag. Da die Nacht warm war, ließ er ihn liegen und eilte davon, um seine Meldung zu machen.

In der Frühe des nächsten Morgens traf er den Major, der eben in seinen Panzer einsteigen wollte.

„Nun, bist du noch immer *outward bound*?"

„Was meinst du damit?" fragte der Major verwundert.

„Denk an die Rückfahrt", sagte Jenczy, „und an unser Gespräch".

„Was fabelst du denn da?" rief der Major lachend. „Weißt

du denn nicht mehr, daß ich auf dem ganzen Rückweg geschlafen habe?"

adapted from Friedrich Georg Jünger, „Major Dobsa" aus *Dalmatinische Nacht* (Heliopolis Verlag, Tübingen)

Answer in English:

1. Why was Jenczy both surprised and relieved at the major's question?
2. What was that question?
3. Describe the scene after the curtain went up, as Jenczy remembered it.
4. What had gradually become clear?
5. What did the ship turn out to be?
6. Why had the major mentioned this?
7. At what two points of the camp did the officers' car stop?
8. Why was Jenczy astonished when he got out of the car?
9. Why did he hurry away?
10. Give in your own words the strange conclusion of this story.

Passages with Questions in German

1

An Unsuccessful Call

Eine halbe Stunde später stand ich[1] in einem anderen Stadtteil vor der Tür eines alten Schulkameraden und drückte auf die Klingel. Ich war länger als ein Jahr nicht mehr bei ihm gewesen, und als nun hinter der winzigen Scheibe in seiner Haustür die Gardine weggeschoben wurde, sah ich auf seinem weißlichen fetten Gesicht den Ausdruck der Verwirrung. Er öffnete die Tür und hatte inzwischen Zeit gefunden, ein anderes Gesicht aufzusetzen, und als wir in den Flur hineingingen, kamen Wolken von Badedampf aus einer Tür, und ich hörte das Quieken von Kindern, und die schrille Stimme seiner Frau rief aus dem Badezimmer: „Wer ist denn da?"

Ich saß eine halbe Stunde bei ihm in dem grünlich möblierten Raum. Wir sprachen über Verschiedenes, rauchten, und als er anfing, von der Schule zu erzählen, wurde sein Gesicht ein wenig heller. Mich aber ergriff Langweile, und ich blies ihm mit dem Rauch meiner Zigarette die Frage ins Gesicht: „Kannst du mir Geld leihen?"

Er war gar nicht überrascht, aber erzählte mir von den Raten fürs Radio, für den Küchenschrank, für die Couch und von einem Wintermantel für seine Frau. Dann brach er das Thema ab und fing wieder an, von der Schule zu erzählen. Es war mir alles so fremd und fern, daß ich erschrak, und ich stand auf, sagte: „Dann verzeih . . ." und verabschiedete mich.

adapted from HEINRICH BÖLL, *Und sagte kein einziges Wort*
(Verlag Kiepenheuer & Witsch, Köln-Marienburg)

[1] **Fred**

39

Answer in German:

1. Wo hatten die beiden Männer sich kennengelernt?
2. Wie lange war es her, daß Fred seinen Freund zuletzt besucht hatte?
3. Wozu dient die kleine Scheibe in einer Haustür?
4. Woran erkannte Fred, noch ehe die Tür geöffnet wurde, daß sein Freund über seinen Besuch nicht allzu erfreut war?
5. Warum zeigte sein Freund, Ihrer Meinung nach, ein ganz anderes Gesicht, als er die Tür aufmachte?
6. Auf was für eine Lebensweise deutet das weißliche, fette Gesicht des Freundes hin?
7. Beschreiben Sie mit anderen Worten als im Text, was in diesem Augenblick im Haus passierte.
8. Was zeigt uns, daß Freds Freund eine schöne Erinnerung an die Schulzeit hatte?
9. Warum besuchte Fred diesen Freund?
10. Wie entschuldigt sich der andere dafür, daß er seinem Freund kein Geld leihen kann?
11. Zählen Sie vier verschiedene Sorten von Lebensmitteln auf, die normalerweise in einem Küchenschrank aufbewahrt werden.
12. Sagen Sie mit anderen Worten:
    (*a*) ich erschrak,
    (*b*) ich verabschiedete mich,
    (*c*) mich ergriff Langweile,
    (*d*) sein Gesicht wurde ein wenig heller.
13. Was ist das Gegenteil von:

(*a*) länger?	(*d*) fremd?
(*b*) winzig?	(*e*) fern?
(*c*) hell?	(*f*) er fing wieder an?

2

The Pinnebergs Need a Pram

Es ist drei Tage später, an einem Sonnabend. Pinneberg ist gerade
nach Hause gekommen, hat einen Augenblick an der Krippe
gestanden und auf das schlafende Kind gesehen. Nun sitzt er
mit Lämmchen am Tisch und ißt sein Abendbrot. „Ob wir beide
morgen ein bißchen ausgehen können?" fragt er. „Das Wetter ist
so schön."

Sie sieht ihn bedenklich an: „Den Jungen hier allein lassen?"

„Aber du kannst doch nicht immer im Haus bleiben, bis der
Junge laufen kann, du siehst schon ganz blaß aus."

„Nein", sagt sie zögernd. „Wir müssen eben einen Kinderwagen
kaufen."

„Natürlich müßten wir das", sagt er. Und vorsichtig: „Was mag
das kosten?"

Sie bewegt die Achseln: „Ach, es ist ja nicht nur der Wagen.
Wir müssen ja auch Kissen dafür haben und Decken."

Plötzlich ist er ängstlich: „Das Geld wird alle. . . . Was meinst
du, Lämmchen, wenn ich eine Zeitung hole, und wir sehen nach,
wo ein gebrauchter Kinderwagen zu haben ist? Sicher steht so
etwas in der Zeitung."

„Gebrauchter? Für unser Kind?" seufzt sie.

„Wir müssen sparen", mahnt er.

„Aber ich will mir das Kind ansehen, das in dem Wagen gelegen
hat", erklärt sie. „Hinter jedem Kind soll unser Kind nicht im
Wagen liegen."

„Das kannst du ja", sagt Pinneberg.

adapted from HANS FALLADA, *Kleiner Mann—was nun?*
(Rowohlt Verlag, Hamburg)

Answer in German:

1. Was tat Pinneberg als erstes, als er nach Hause kam?
2. Was machten Pinneberg und seine Frau, während sie am
   Tisch saßen?

3. Woraus besteht ein normales deutsches Abendbrot?
4. Warum wollte Pinneberg einen Spaziergang mit seiner Frau machen?
5. Wann wollten sie diesen Spaziergang machen?
6. Was hatte seine Frau gegen diesen Vorschlag?
7. Was brauchten sie ihrer Meinung nach, bevor sie alle drei ausgehen konnten?
8. Warum wurde Pinneberg plötzlich ängstlich?
9. Warum hatte Lämmchen keine Lust, einen gebrauchten Kinderwagen zu kaufen?
10. Wo schaut man nach, wenn man einen gebrauchten Artikel kaufen will?
11. Was ist der Unterschied zwischen einer Krippe und einem Bett?
12. Was ist das Gegenteil von:
    (*a*) später?   (*c*) immer?   (*e*) ausgehen?
    (*b*) gebraucht?   (*d*) stehen?
13. Sagen Sie mit anderen Worten:
    (*a*) das Geld wird alle,
    (*b*) wir müssen sparen.
14. Wozu dienen:
    (*a*) ein Krankenwagen?
    (*b*) ein Lastwagen?
15. „Sie bewegt die Achseln." Was will Lämmchen mit dieser Bewegung sagen?

3

A Surprise for the Congregation

In der ersten Frühe des Tages stand der Großvater vor seiner Hütte und schaute mit hellen Augen um sich. Der Sonntagmorgen flimmerte und leuchtete über Berg und Tal. Einzelne Frühglocken tönten aus den Tälern herauf, und oben in den Tannen sangen die Vögel ihre Morgenlieder.

Jetzt trat der Großvater in die Hütte zurück: „Komm, Heidi!"
rief er auf den Boden hinauf. „Die Sonne ist da! Zieh ein gutes
Röcklein an, wir wollen miteinander in die Kirche gehen!"

Heidi zögerte nicht lange; das war ein ganz neuer Vorschlag
vom Großvater, dem sie schnell folgen mußte.

In kurzer Zeit kam sie heruntergesprungen in ihrem hübschen
Frankfurter Röckchen. Aber voller Erstaunen blieb Heidi vor
dem Großvater stehen und schaute ihn an. „O Großvater, so hab'
ich dich noch nie gesehen", brach sie endlich aus, „und den Rock
mit den silbernen Knöpfen hast du gar nicht getragen, o du bist
so schön in deinem schönen Sonntagsrock."

Der Alte blickte lächelnd auf das Kind und sagte: „Und du in
dem deinen; jetzt komm!" Er nahm Heidis Hand in die seine,
und so wanderten sie miteinander den Berg hinunter. Von allen
Seiten tönten ihnen jetzt die hellen Glocken entgegen, und Heidi
lauschte mit Entzücken und sagte: „Hörst du's, Großvater? Es
ist wie ein großes, großes Fest."

Unten im Dorf waren schon alle Leute in der Kirche und fingen
eben zu singen an, als der Großvater mit Heidi eintrat und sich
ganz hinten auf der letzten Bank niedersetzte. Aber mitten im
Singen wandte sich der zunächst Sitzende seinem Nachbarn
zu und sagte: „Hast du das gesehen? Der alte Großvater ist in der
Kirche!"

adapted from JOHANNA SPYRI, *Heidi*
(Droemersche Verlagsanstalt Th. Knaur Nachf., München)

Answer in German:

1. In welchem Land, glauben Sie, spielt sich diese Episode ab?
2. Nennen Sie sechs andere Länder in Europa.
3. Was hat der Großvater vorgeschlagen?
4. Wo war Heidi in diesem Augenblick?
5. Wo befindet sich dieses Zimmer und wozu dient es normalerweise?
6. Was läßt sich aus diesen Worten verstehen: „das war ein
   ganz neuer Vorschlag vom Großvater . . ."?

7. Woher wissen wir, daß er diesen Tag für besonders wichtig hielt?
8. Wo hatte Heidi ihr Röckchen wahrscheinlich gekauft?
9. Welche Speise verbinden Sie mit dem Namen dieser Stadt?
10. Kamen der Großvater und Heidi rechtzeitig in die Kirche?
11. Was zeigt uns, daß die Nachbarn erstaunt waren, den alten Mann in der Kirche zu sehen?
12. Sagen Sie mit anderen Worten:
    (*a*) in der ersten Frühe des Tages,
    (*b*) Heidi zögerte nicht lange,
    (*c*) sie kam heruntergesprungen.
13. Welche sind die bekanntesten Feste des Jahres in Deutschland?
14. Nennen Sie sechs Kleidungsstücke (mit Artikel—drei für Jungen, drei für Mädchen)!
15. Drücken Sie anders aus:
    (*a*) der zunächst Sitzende,
    (*b*) Heidi lauschte mit Entzücken.

4

A Young Man Leaves Home

Ich fuhr allein in die Stadt. Es war ein früher Märzmorgen, und meine Mutter stand in der Küche und packte mir Brote ein. . . . Max saß an dem Küchentisch und trank Kaffee, und ich stand daneben und sah meiner Mutter zu.

„Jetzt gib dir aber ein bißchen Mühe", sagte meine Mutter, „bei diesem Beruf mußt du bleiben. Ich hab' es jetzt satt, immer wieder etwas Neues für dich zu suchen."

Ich ging zum Bahnhof hinauf, und meine Mutter begleitete mich ein Stück den Berg hinauf. Wir blieben auf der Mitte des Berges stehen und sahen zurück auf den Schloonsee und auf das dahinterliegende Meer, das jetzt eisfrei war. Die Sonne stand schon über dem Horizont, und die schwarzen Punkte der Fischerboote schoben sich über die blaue Fläche.

„Papa ist schon lange draußen", sagte meine Mutter, „er muß bald ans Land kommen. Ich muß gehen."

Sie hatte dabei die rechte Hand über den Augen, und mir war es, als sähe sie nach meinem Vater aus. Ich blickte zu ihr auf, zu ihrer schwieligen, verarbeiteten Hand, und ich bekam plötzlich Angst vor der großen Ungewißheit in der Stadt. Ich wäre gern mit ihr zurück an den Strand gegangen, um dort auf das Boot meines Vaters zu warten, aber meine Mutter sagte:

„Geh jetzt. Es wird Zeit, und benimm dich vernünftig. Das ist der richtige Beruf für dich. Ich weiß es genau."

Sie drückte mich an sich, zärtlicher als sonst, und ihre rauhe Hand fuhr über mein Gesicht. Wir hörten den Zug pfeifen, hinten in den Wäldern, und meine Mutter gab mir einen kleinen Stoß gegen die Schulter und sagte:

„Los, schnell, du darfst den Zug nicht versäumen."

Ich lief den Berg hinauf, erreichte den Zug und fuhr in die Stadt.

adapted from HANS WERNER RICHTER, *Spuren im Sand*
(Verlag Kurt Desch, München)

Answer in German:

1. Warum packte die Mutter Brote ein?
2. In welcher Jahreszeit spielt sich diese Episode ab?
3. Was für eine Tageszeit war es?
4. Was zeigt uns, daß das Haus in einem Tal lag?
5. Warum sahen die Fischerboote wie Punkte aus?
6. Was war der Vater von Beruf?
7. Wo war er in diesem Augenblick und was machte er?
8. Was hätte der Junge lieber getan, als in die Stadt zu gehen?
9. Was hat die Mutter dem Jungen besonders empfohlen?
10. Warum fühlte sie sich dazu gezwungen?

11. Sagen Sie mit anderen Worten:
    (*a*) ich hab' es jetzt satt,
    (*b*) meine Mutter begleitete mich,
    (*c*) die große Ungewißheit in der Stadt,
    (*d*) benimm dich vernünftig.
12. Warum waren die Hände der Mutter schwielig und rauh?
13. Was ist das Gegenteil von:
    (*a*) ein früher Morgen?   (*d*) zärtlich?
    (*b*) den Berg hinauf?   (*e*) den Zug versäumen?
    (*c*) richtig?

5

An Unobserved Departure

Es war wenige Minuten vor elf, als Sylvia durch die Hintertür, die Tag und Nacht offenstand, das Haus verließ. Sie war niemandem auf der Treppe begegnet. Vor Pauls Zimmer hatte sie eine Sekunde lang haltgemacht und durch das Schlüsselloch gesehen, aber drinnen war alles dunkel gewesen.

Sylvia hob den großen, dann den kleinen Koffer auf die Karre und schob sie vorsichtig an. Niemand sah ihr nach, als sie die Karre nicht weit von den beiden großen Fenstern entfernt vorbeischob. Im Park ging es schneller. Die Karre lief den Abhang hinab wie von selbst. Unten am Tor setzte Sylvia die Koffer ab und schob die Karre hinter einen Busch. Dann wartete sie auf den Omnibus. Sie setzte sich auf ihre Koffer und prüfte noch einmal den Inhalt ihrer Handtasche. Dann sah sie auf die Landstraße und lauschte aufmerksam.

Nach zehn Minuten kam der Omnibus. Sylvia stieg vorn ein, denn hinten, wo geraucht werden durfte, war alles besetzt. Der Chauffeur war sehr ärgerlich, weil der Gepäckraum schon voll war und Sylvias großer Koffer den Eingang versperrte. Erst als Sylvia ihm das Trinkgeld gab, wurde er ruhiger. Während der Bus abfuhr, sah sie noch einmal durch den großen Park auf das Haus. Im Augenblick, da der Motor aufheulte, war in Pauls Zimmer das Licht angegangen, aber es erlosch gleich wieder. Als der Bus hinter der großen Kurve war, dachte Sylvia nur noch an Paris. Das Haus hinter ihr wurde immer kleiner.

adapted from WALTER JENS, *Vergessene Gesichter*
(Rowohlt Verlag, Hamburg)

Answer in German:

1. Um wieviel Uhr verließ Sylvia das Haus?
2. Was machte es ihr leicht, aus dem Haus zu kommen?
3. Wie hat Sylvia sich versichert, daß Paul sie nicht beobachtete?
4. Was für Gepäck hatte sie mit?
5. Wie hat sie das Gepäck vom Haus bis zur Haltestelle transportiert?
6. Warum, glauben Sie, hat sie den Inhalt ihrer Handtasche geprüft?
7. Wie hat sie die Zeit verbracht, bis der Bus kam?
8. Woher kam es, daß der hintere Teil des Busses besetzt war?
9. Was deutete darauf hin, daß im Hause noch Leben war?
10. Was war Sylvias Reiseziel?
11. Sagen Sie mit anderen Worten:
    (*a*) sie war niemandem begegnet,
    (*b*) die Karre lief wie von selbst.
12. Was ist der Unterschied zwischen:
    (*a*) einer Tür und einem Tor?
    (*b*) einer Karre und einem Auto?
    (*c*) einem Koffer und einer Handtasche?

6

Crisis of Conscience at Christmas

Weihnachten kam näher und näher. Anfangs waren die Christbaumwälder in den Straßen noch aufgefüllt worden; aber allmählich lichteten sie sich, und eines Tages sahen wir, wie der fetteste Christbaumverkäufer sein letztes Bäumchen, ein wahres Streichholz von einem Baum, für drei Mark fünfzig verkaufte, sich aufs Rad schwang und wegfuhr.

Nun fingen wir doch an, traurig zu werden. Aber dann —es war der dreiundzwanzigste Dezember— hatte Vater die große Erleuchtung.

„Haben Sie einen Spaten?" fragte er unseren Nachbarn.

Ja, den hätte er schon.

Ich sah unsicher an Vater empor. Er sah ganz normal aus; nur sein Blick schien mir eine Spur unsteter zu sein als sonst.

„Gut", sagte er jetzt; „wir kommen heute zu Ihnen nach Hause, und Sie borgen ihn uns."

Was er vorhatte, erfuhr ich erst in der Nacht.

„Los", sagte Vater und schüttelte mich, „steh auf."

Ich kroch schlaftrunken aus dem Bett. „Was ist denn los?"

„Paß auf", sagte Vater und blieb vor mir stehen. „Einen Baum stehlen, das ist gemein! Aber sich einen borgen, das geht."

„Borgen—?" fragte ich blinzelnd.

„Ja", sagte Vater. „Wir gehen jetzt in den Wald und graben eine Tanne aus. Zu Hause stellen wir sie in die Wanne mit Wasser, feiern morgen dann Weihnachten mit ihr, und nachher pflanzen wir sie wieder am selben Platz ein. Na—?"

„Eine wunderbare Idee", sagte ich.

adapted from WOLFDIETRICH SCHNURRE, „Die Leihgabe"
aus *Die Leserunde*
(Matthiesen Verlag, Lübeck)

Answer in German:

1. Was meint der Dichter mit den Worten: „die Christbaumwälder in den Straßen?"
2. Zu welcher Jahreszeit sieht man solche Bäume in den Straßen?
3. Wie sah der letzte Baum aus?
4. Wieviel ist drei Mark fünfzig in englischem Geld?
5. Warum konnte diese Familie keinen Baum kaufen?
6. Wozu dient ein Spaten?
7. Warum sah der Junge seinen Vater unsicher an?
8. Wann mußten Vater und Sohn den Baum nach Hause bringen?
9. Was ist der Unterschied zwischen „einen Baum stehlen" und
„einen Baum borgen"?
10. Wann ist eine Wanne besonders nützlich im Hause?
11. Wie wollten sie den Baum lebendig erhalten?
12. Was ist das Gegenteil von:
    (*a*) anfangs?   (*d*) traurig?
    (*b*) allmählich?   (*e*) näher?
    (*c*) unsicher?

7

Mystery at the Lighthouse

Die Tür des Leuchtturms war geschlossen. Er öffnete sie. Als
er sie auf hatte, hörte er jemand den Turm herabkommen.

Es waren die schweren Schritte eines Mannes. Sie klangen auf
den Treppenstufen merkwürdig dumpf, wie Pantoffeln oder
Gummischuhe oder wie gewöhnliche Schuhe, die mit Stoff
umwickelt waren, damit man leise auftreten konnte.

Willi stand vor der Tür und wußte nicht, was er tun sollte. Er
wollte davonlaufen, aber wohin, wußte er nicht, und so blieb er
vor der Tür stehen. Dann sah er vier Finger eines schwarzen
Lederhandschuhs, die sich durch den Türspalt schoben und sich
fest gegen die Tür legten. Die Tür begann sich zu bewegen, sie
knarrte und drehte sich langsam nach außen.

Während sie sich drehte, war Willi hinter den Turm gesprungen. Dort benahmen sich seine Lungen, als hätte er einige Kilometer im Dauerlauf zurückgelegt, er fürchtete, der andere könne ihn keuchen hören. Die Tür wurde wieder geschlossen, dem Geräusch nach sehr sorgfältig. Dann klirrte etwas leise, das nichts mit der Tür zu tun hatte. Dann ging der Mann weg. . . .

Willi schob seinen Kopf hinter der Turmwand hervor und sah dem Mann nach. Er war hager und lang und dunkel gekleidet, eine Pelzmütze hatte er auf dem Kopf, die ihn noch größer machte, und er schien Gummigaloschen an den Füßen zu haben. Willi kannte ihn nicht. Über der Schulter trug er einen Pickel, wie ihn Straßenarbeiter gebrauchen.

Willi trat hinter dem Turm hervor und warf einen Blick auf die Tür, die geschlossen war wie zuvor, aber der Mann hatte etwas vergessen, oder er hatte etwas verloren, freiwillig hatte er sich jedenfalls von seinem Revolver nicht getrennt. Willi hob ihn auf und sah, daß es ein kleiner, hübscher, kalter Revolver war. Er überlegte, ob er den Revolver wieder hinlegen sollte, aber er steckte ihn in seine Manteltasche und ging dem Manne nach.

Der Mann schlug nicht den Weg ins Dorf ein, sondern den entgegengesetzten, zur Südspitze der Insel. Wo er hinging, wohnte niemand. Das machte die Sache unheimlich.

adapted from WOLFGANG OTT, *Die Männer und die Seejungfrau*
(Paul Zsolnay Verlag, Wien)

Answer in German:

1. Wo befindet sich normalerweise ein Leuchtturm?
2. In welchen Umständen ist das Licht vom Leuchtturm besonders wichtig?
3. Woher wußte Willi, daß der Mann keinen Lärm machen wollte?
4. Wann trägt man Pantoffeln?
5. Wann sind Gummischuhe besonders nützlich?
6. Wo hat sich Willi versteckt, als der Mann aus dem Turm kam?
7. Woran merkt man, daß Willi große Angst hatte?
8. Wann keucht ein Tier oder ein Mensch?

9. Was wollte der Mann, Ihrer Meinung nach, mit dem Pickel tun?
10. Warum war es verdächtig, daß der Mann zur Südspitze der Insel ging?
11. Sagen Sie mit anderen Worten:
    (a) die Tür drehte sich langsam nach außen,
    (b) er warf einen Blick auf die Tür,
    (c) er schlug den Weg ins Dorf ein.
12. Was ist das Gegenteil von:
    (a) außen?   (c) hager?
    (b) sorgfältig? (d) freiwillig?

8

A Policeman Finds a Corpse

Alphons Clenin, der Polizist von Twann, fand am Morgen des dritten November neunzehnhundertachtundvierzig dort, wo die Straße von Lamboing aus dem Walde der Twannbachschlucht hervortritt, einen blauen Mercedes, der am Straßenrande stand. Es herrschte Nebel, wie oft in diesem Spätherbst, und eigentlich war Clenin am Wagen schon vorbeigegangen, als er doch wieder zurückkehrte. Es war ihm nämlich beim Vorbeischreiten gewesen, nachdem er flüchtig durch die trüben Scheiben des Wagens geblickt hatte, als sei der Fahrer auf das Steuer niedergesunken. Er glaubte, daß der Mann betrunken sei, denn als ordentlicher Mensch kam er auf das Nächstliegende. Er wollte daher dem Fremden nicht amtlich, sondern menschlich begegnen. Er trat mit der Absicht ans Automobil, den Schlafenden zu wecken, ihn nach Twann zu fahren und im Hotel Bären bei schwarzem Kaffee und einer Mehlsuppe nüchtern werden zu lassen; denn es war zwar verboten, betrunken zu fahren, aber nicht verboten, betrunken in einem Wagen, der am Straßenrande stand, zu schlafen. Clenin öffnete die Wagentür und legte dem Fremden die Hand väterlich auf die Schultern. Er bemerkte jedoch im gleichen

51

Augenblick, daß der Mann tot war. Die Schläfen waren durchschossen. Auch sah Clenin jetzt, daß die rechte Wagentüre offen stand. Im Wagen war nicht viel Blut, und der dunkelgraue Mantel, den die Leiche trug, schien nicht einmal beschmutzt. Aus der Manteltasche glänzte der Rand einer gelben Brieftasche. Clenin, der sie hervorzog, konnte ohne Mühe feststellen, daß es sich beim Toten um Ulrich Schmied handelte, Polizeileutnant der Stadt Bern.

adapted from FRIEDRICH DÜRRENMATT, *Der Richter und sein Henker* (Benziger Verlag, Einsiedeln-Zürich-Köln)

Answer in German:

1. Zu welcher Jahreszeit spielt sich diese Episode ab?
2. Wie war das Wetter?
3. Was war Clenin von Beruf?
4. Warum blieb er plötzlich am Auto stehen?
5. Warum konnte Clenin den Autofahrer nicht klar erkennen?
6. Was für einen Beweis haben wir, daß Clenin ein sehr sympathischer Polizist war?
7. Wohin wollte er den Unbekannten bringen?
8. Was wollte er ihm da geben und zu welchem Zweck?
9. Was erkannte Clenin, sobald er die Wagentür öffnete?
10. Wie hat Clenin den Namen und den Beruf des Toten festgestellt?
11. Mit welcher Waffe ist Schmied getötet worden?
12. In welchem Land befindet sich die Stadt Bern?
13. Was trägt man normalerweise in einer Brieftasche?
14. Aus welchem Stoff besteht eine Brieftasche?
15. Was ist das Gegenteil von:
    (*a*) flüchtig?   (*d*) väterlich?
    (*b*) trübe?   (*e*) verboten?
    (*c*) nüchtern?

A Flower for Mother with Love

Als wir auf dem Felde des Bauern Jakobsen Fußball spielten, entdeckte ich eine wunderschöne große Mohnblume mit vier leuchtend roten Blütenblättern. Nach dem Spiel blieb ich ein Stück hinter den anderen Jungen zurück und pflückte sie ab. Ich wollte sie meiner Mutter mitbringen, denn ich wußte, daß sie Blumen sehr gern hat. Aber Emil hatte es gesehen und rief: „Seht mal, Peter will seiner Mutti eine Blume mitbringen!"—und alle lachten, denn er sprach das Mutti mit einer gezierten Betonung aus. Ich wurde rot im Gesicht und versteckte die Blume hinter meinem Rücken. „Das ist nicht wahr!" rief ich, „die ist für unsere Kaninchen!"—„Fressen eure Kaninchen auch Klatschmohn?" fragte Emil. „Ja", antwortete ich, „am allerliebsten, und wenn du frech bist, hau ich dir eine runter."—Unterwegs versteckte ich die Mohnblume in meiner Bluse.

Ich kam erst spät nach Hause. Meine Mutter stand schon in der Tür und wartete. „Ich hab Jakobsens Knecht beim Wagenwaschen geholfen", sagte ich. Sie blickte mich vorwurfsvoll an: „. . . und beim Nachbar Bahnsen hast du die Fensterscheibe zerschmissen."—„Das hab ich nicht mit Absicht getan", sagte ich. „Aber wir müssen sie bezahlen, und du weißt doch, daß wir wenig Geld haben", antwortete sie, „jetzt iß aber schnell und geh zu Bett!" Ich schämte mich, ihr die Blume zu geben, denn das hätte so ausgesehen, als ob ich das bloß wegen der Fensterscheibe täte.

adapted from Fritz Ohrtmann, „Tee mit Rum. Die Mohnblume" aus *Die Leserunde* (Matthiesen Verlag, Lübeck)

Answer in German:
1. Wo wohnt gewöhnlich ein Bauer?
2. Das englische Wort für *Mohnblume* ist *poppy*. Nennen Sie drei andere Blumen!

3. Warum blieb Peter nach dem Spiel hinter den anderen Jungen zurück?
4. Für wen war die Blume bestimmt und warum?
5. Was war besonders schön an der Blume?
6. Warum hat Peter die Blume versteckt?
7. Für wen, behauptete Peter, sei die Blume bestimmt?
8. Was fressen Kaninchen normalerweise?
9. Nennen Sie ein Tier, das einem Kaninchen ähnlich ist.
10. Sagen Sie mit anderen Worten: „Ich habe . . . beim Wagenwaschen geholfen".
11. Warum sah ihn die Mutter vorwurfsvoll an?
12. Wie erklärt Peter dieses Mißgeschick?
13. Warum leidet die ganze Familie darunter?
14. Was ist aus der Mohnblume geworden?

10

Oasis in a Desert of Destruction

Graeber ging die Adlerstraße entlang. Es war sechs Uhr abends. Er hatte den ganzen Tag nach einem Zimmer gesucht und nichts gefunden. Müde beschloß er, es für heute aufzugeben. Das Stadtviertel war sehr verwüstet. Ruinen reihten sich an Ruinen. Plötzlich sah er etwas, was er im ersten Moment nicht glauben konnte. Inmitten der Zerstörung stand ein kleines, zweistöckiges Haus. Es war alt und ein wenig schief, aber es war völlig unbeschädigt. Ein Garten zog sich herum, mit ein paar Bäumen und Büschen. . . . Gastwirtschaft und Restaurant Witte stand über der Haustür.

Die Pforte zum Garten war offen. Er ging hinein. Ein braunweißer Jagdhund lag neben der Tür und schlief. Ein paar Beete mit Narzissen, Veilchen und Tulpen blühten. . . . Er trat durch die Tür.

Drei Tische mit Stühlen standen an den Wänden. Ein Bild hing über dem mittleren. Es war eine Tiroler Landschaft. Ein Mädchen spielte Zither und ein Jäger beugte sich über sie. . . .

Eine ältere Frau kam herein. Sie trug eine verblichene blaue Bluse, deren Ärmel hochgekrempelt waren. Sie sagte nicht: „Heil Hitler". Sie sagte: „Guten Abend." Graeber hatte nur etwas trinken wollen, der Staub der Ruinen hatte ihn durstig gemacht —aber jetzt erschien es ihm plötzlich sehr wichtig, den Abend mit Elisabeth hier zu verbringen.

„Kann man bei Ihnen zu Abend essen?" fragte er.

Die Frau zögerte. „Ich habe Marken", sagte er rasch, „es wäre schön, hier zu essen. Vielleicht sogar im Garten. Es ist einer meiner letzten Tage, bevor ich fort muß."

„Wir haben nur Linsensuppe. Wir servieren eigentlich kein Essen mehr."

„Linsensuppe ist herrlich. Ich habe lange keine gehabt. Dürfen wir um acht Uhr hier sein?"

„Das ist nicht so genau bei Linsensuppe. Kommen Sie nur, wann Sie wollen."

adapted from ERICH MARIA REMARQUE, *Zeit zu leben Zeit zu sterben*
(Verlag Kiepenheuer & Witsch, Köln-Marienburg)

Answer in German:

1. Wie hatte Graeber den ganzen Tag verbracht?
2. Warum war es schwierig, ein Zimmer zu finden?
3. Wodurch unterscheidet sich dieses kleine Haus von den anderen?
4. Erklären Sie auf Deutsch: „verwüstet".
5. Was ist eine Wüste?
6. In welchen Ländern gibt es Wüsten?
7. „Eine Tiroler Landschaft" . . . Wo liegt Tirol?
8. Eine Zither ist ein Musikinstrument. Nennen Sie drei andere (mit Artikel)!

9. Woher wissen wir, daß die alte Frau gerade gearbeitet hatte?
10. Was für Arbeit kann sie vielleicht getan haben?
11. Mit welcher Absicht hatte Graeber das Haus betreten?
12. Welche Idee ist ihm plötzlich gekommen?
13. Warum zögerte die alte Frau, Ihrer Meinung nach, bevor sie auf seine Frage antwortete?
14. Linsen sind ein Gemüse. Nennen Sie drei andere Gemüsearten, die Sie kennen.
15. Was meint die alte Frau mit den Worten: „Das ist nicht so genau bei Linsensuppe"?
16. Zu welcher Jahreszeit spielt sich diese Episode ab? Woher wissen Sie das?

11

A Churchyard, a Tooth and a Ghost

Eines Tages fand ich einen Zahn auf dem Kirchhof. Es war ein Vorderzahn, schimmernd weiß und stark. Ohne weiteres steckte ich den Zahn in meine Tasche. Ich wollte ihn zu etwas gebrauchen, irgendeine Figur daraus zurechtfeilen und die in einen der wunderlichen Gegenstände einfügen, die ich aus Holz schnitzte. Ich nahm den Zahn mit nach Hause.

Es war Herbst und die Dunkelheit brach früh herein. Ich hatte noch allerlei anderes zu besorgen, und es vergingen wohl ein paar Stunden, bis ich in mein Zimmer ging, um an meinem Zahn zu arbeiten. Indessen war der Mond aufgegangen; es war Halbmond.

In meinem Zimmer brannte kein Licht, und ich war ganz allein. ... Da klopfte es an das Fenster. Ich sah auf. Vor dem Fenster, das Gesicht fest an die Scheibe gedrückt, stand ein Mann. Er war mir fremd. Er hatte einen roten Vollbart, eine rote Wollbinde um den Hals und einen Südwester auf dem Kopf. Worüber ich damals nicht nachdachte, was mir aber später einfiel, war dies: wie konnte sich mir dieser Kopf so deutlich in der Dunkelheit zeigen, namentlich an einer Seite des Hauses, wo nicht einmal der Halbmond hinschien? Ich sah das Gesicht mit erschreckender Deutlichkeit, es war bleich, beinahe weiß, und seine Augen starrten mich gerade an.

Es verging eine Minute. Ich ließ fallen, was ich in der Hand hatte, und ein eisiger Schauer durchrieselte mich vom Scheitel bis zur Sohle. In der ungeheuren Mundhöhle des Gesichts vor dem Fenster entdeckte ich plötzlich in der Zahnreihe ein schwarzes Loch—es fehlte ein Zahn. Ich saß da und starrte in meiner Angst geradeaus. Es verging noch eine Minute.

Da ließ der Mann den Kopf an der Fensterscheibe herabsinken, ganz langsam herabsinken, so daß er sich schließlich unterhalb des Fensters befand. Es war, als gleite er in die Erde hinein. Ich sah ihn nicht mehr.

adapted from Knut Hamsun, ,,Gottes Erde" aus *Die Leserunde* (Matthiesen Verlag, Lübeck)

Answer in German:

1. Was für einen Zahn hatte der Junge gefunden?
2. Wo befindet sich ein Kirchhof?
3. Wie ist es möglich, daß man einen Zahn auf einem Kirchhof finden kann?
4. Was wollte der Junge mit dem Zahn machen?
5. Diese Episode findet im Herbst statt. Nennen Sie die drei anderen Jahreszeiten.
6. Was erfahren wir über die Freizeitbeschäftigungen des Jungen?
7. Sagen Sie mit anderen Worten: ,,Ich hatte noch allerlei anderes zu besorgen".
8. Wie oft ist Vollmond?
9. Bei welchem Wetter trägt man eine Wollbinde um den Hals?
10. Für welchen Beruf ist ein Südwester typisch?
11. Woher wissen wir, daß der auf dem Kirchhof gefundene Zahn etwas mit dem Gesicht am Fenster zu tun hatte?
12. Drücken Sie anders aus:
    (*a*) ich sah das Gesicht *mit erschreckender Deutlichkeit,*
    (*b*) ein eisiger Schauer durchrieselte mich *vom Scheitel bis zur Sohle,*
    (*c*) er war mir fremd.

12

Mother's Schooldays

Die kleine Ida Augustin, meine zukünftige Mama, verbrachte ihre Kindheit in einem Bauernhaus. Zu diesem Haus gehörte mancherlei: eine Scheune, ein Vorgärtchen mit Stiefmütterchen und Astern, ein Dutzend Geschwister, ein Hof mit Hühnern, ein alter Obstgarten mit Kirsch — und Pflaumenbäumen, ein Pferdestall, viel Arbeit und ein langer Schulweg. Denn die Schule lag in einem Nachbardorf. Und sehr viel gab's in der Schule im Nachbardorf nicht zu lernen. Denn sie hatte nur einen einzigen Lehrer und nur zwei Klassen. . . . Da war außer Lesen, Schreiben und Rechnen nichts zu holen, und für die gescheiten Kinder war es schrecklich langweilig! . . .

Im Winter lag der Schnee mitunter so hoch, daß die Tür nicht aufging! Dann mußten die Kinder durchs Fenster klettern, wenn sie in die Schule wollten. Wenn sich die Tür, trotz des Schnees, öffnen ließ, mußte man mit Schaufeln erst einen Tunnel graben, durch den die Kinder dann ins Freie krochen! Das war zwar ganz lustig, aber die Lustigkeit dauerte nicht lange. Denn der Wind pfiff eisig über die Felder. Man versank im Schnee bis zu den Hüften. Man fror an den Fingern und Zehen und Ohren, daß einem die Tränen in die Augen schossen. Und wenn man schließlich naß, halb erfroren und zu spät in der Schule ankam, gab es nicht einmal etwas Interessantes zu lernen.

Das alles verdroß die kleine Ida nicht. Sie kletterte aus dem Fenster. Sie kroch durch den Schneetunnel. Sie fror und weinte auf dem Schulweg vor sich hin. Es machte ihr wenig aus. Denn sie war wissensdurstig und wissenshungrig. Sie wollte alles lernen, was der alte Lehrer selbst wußte. Und wußte er auch nicht sehr viel, so wußte er doch immer noch etwas mehr als die kleine Ida!

adapted from ERICH KÄSTNER, „Mein Onkel Franz" aus
Die Leserunde
(Matthiesen Verlag, Lübeck)

Answer in German:

1. Was für Gebäude gab es auf diesem Bauernhof?
2. Was wird in einer Scheune aufbewahrt? Und zu welchem Zweck?
3. Wohin ging die kleine Ida zur Schule?
4. Was waren die Nachteile der Schule, die sie besuchte?
5. Auf welche Weise konnten die Kinder bei tiefem Schnee nur in die Schule kommen?
6. Wie lange machte das Spaß?
7. Drücken Sie anders aus:
   (*a*) die kleine Ida, meine *zukünftige* Mama,
   (*b*) ein Dutzend Geschwister,
   (*c*) sie war wissensdurstig und wissenshungrig,
   (*d*) es machte ihr wenig aus.
8. Was erfahren wir über den Dorflehrer?
9. Nennen Sie drei Unterrichtsfächer, die Sie in der Schule haben.
10. Ein Stiefmütterchen ist eine Blume. Was ist eine Stiefmutter

13

A Young Man Chooses a Career

Tante Martha, meine Lieblingstante, sagte: „Laßt den Erich Lehrer werden. Die Lehrer haben es gut. Ihr seht es ja selbst. Schaut euch doch eure Mieter an. Den Francke und den Schurig. Und seine Freunde, die Tischendorfs!" Die Tischendorfs waren Paul Schurigs Freunde, und sie waren Lehrer wie er. Sie kamen oft zu Besuch. Sie saßen bei uns in der Küche. Oder sie beugten sich im Vorderzimmer über Landkarten und besprachen ihre Pläne für die Sommerferien. Sie wurden vier Wochen im Jahre zu gewaltigen Bergsteigern. In Nagelschuhen, mit Eispickeln, Kletterseilen und großen Rucksäcken fuhren sie jedes Jahr in die Alpen. Sie schickten uns prächtig bunte Ansichtskarten. Und wenn sie, am Ferienende, heimkehrten, sahen sie aus wie blonde Neger. Tiefbraun gebrannt, gewaltig, hungrig wie die Wölfe.

„Außerdem", sagte Tante Martha, „haben sie Weihnachtsferien, Osterferien und Kartoffelferien. In der Zwischenzeit geben sie ein paar Stunden Unterricht, immer dasselbe, immer fürs gleiche Alter, korrigieren dreißig Hefte mit roter Tinte, gehen mit der Klasse in den Zoologischen Garten, erzählen den Kindern, daß die Giraffen lange Hälse haben und holen am Ende des Monats ihr Geld ab." Nun, so bequem und so gemütlich ist der Lehrerberuf ganz bestimmt nicht. Aber meine Tante Martha war nicht die einzige, die so dachte. So dachten viele. Und auch manche Lehrer dachten so. Ich wollte also Lehrer werden. . . .

adapted from ERICH KÄSTNER, „Aus meiner Kindheit"
aus *Die Leserunde*
(Matthiesen Verlag, Lübeck)

Answer in German:

1. Wie stellen Sie sich eine Lieblingstante vor?
2. Was verstehen Sie unter: „Die Lehrer haben es gut"?
3. Was waren Herr Francke und Herr Schurig von Beruf?
4. Warum kannten Erich und seine Mutter diese Lehrer so genau?
5. Wer waren die Tischendorfs?
6. Welche Dienste erwartet man von einer Vermieterin?
7. In welchen Ländern sind die Alpen?
8. Nennen Sie sechs Dinge, die die Lehrer in den Rucksäcken haben könnten.
9. Warum haben Bergsteiger immer ein Seil bei sich?
10. Was für einen Beweis haben wir, daß die Lehrer während der Ferien an ihre Wirtin dachten?
11. Sagen Sie mit anderen Worten: „Sie sahen wie blonde Neger aus".
12. Was für Tiere kann man außer Giraffen im Zoo sehen? Nennen Sie vier (mit Artikel)!
13. Warum hat sich Erich entschlossen, Lehrer zu werden?

14

Grandmother Saves the Soup

Es ist Mittagszeit. Vater und Mutter und die fünf Kinder sitzen am Tisch und mit ihnen die Knechte und Mägde des Pfarrhofs. Ein Gewitter ist am Himmel, blauschwarz stehen die Wolken vor den Scheiben, und in der Stube wird es immer dunkler, als wolle es Nacht werden.

Aber Großmutter läßt sich dadurch nicht stören. Sie fängt an, aus der ungeheuren Terrine die Suppe aufzukellen. Da wird es blendend hell in der Stube. Alle sind aufgesprungen, alle schreien: „Das hat eingeschlagen!"

Und schon wird es auch hell im Zimmer. „Es brennt bei uns!" schreien sie und stürzen aus dem Haus. Jawohl, es brannte bei ihnen, das ganze Strohdach ist schon eine flammende Glut. Im Dorf bimmelt die Feuerglocke, aber jeder weiß: da ist nichts mehr zu retten. Die Großeltern verloren alles!

Aber wo ist Großmutter? In der ersten Aufregung hat niemand auf sie geachtet. Nun merken alle, daß sie fehlt. Sie rufen nach ihr, sie laufen in den Obstgarten, sie starren in die die Glut spiegelnden Scheiben. Es ist schon fast unmöglich, sich dem Hause zu nähern, so stark ist die Hitze des Brandes. Aber der Großvater will es doch tun, er ist verzweifelt, er will zurück ins Haus. Großmutter fehlt, die Mutter seiner Kinder ist nicht da! . . .

Seine Knechte versuchen, ihn zu halten: „Es ist doch nicht möglich, Herr Pastor! Sie kommen nicht wieder heraus!"

Aber der Großvater will sich nicht halten lassen. Er reißt sich los und läuft dem brennenden Haus zu. . . .

Da tritt aus der offenen Tür die Großmutter! Sie hat es nicht eilig. Ruhig schreitet sie durch den Gluthauch. In den Händen trägt sie die große Suppenterrine.

„Kinder", sagt sie mit ihrer gelassenen Stimme, „wenn wir auch abbrennen, müßt ihr doch zu Mittag essen! Darum habe ich die Suppe mitgebracht."

adapted from HANS FALLADA, *Damals bei uns daheim*
(Rowohlt Verlag, Hamburg)

Answer in German:

1. Wie unterscheidet sich ein Gewitter von einem Sturm?
2. Woher wußte die Familie, daß ein Gewitter drohte?
3. Womit war die Großmutter gerade beschäftigt?
4. Warum ist es besonders gefährlich, unter einem Strohdach zu wohnen?
5. Warum wird eine Feuerglocke geläutet?
6. Warum merkte die Familie nicht sofort, daß die Großmutter nicht dabei war?
7. Warum konnte keiner in das Innere des Hauses sehen?
8. Warum konnte sich keiner dem Hause nähern?
9. Woher wissen wir, daß die Großmutter keine Angst vor dem Feuer hatte?
10. Was war für die Großmutter in diesem Augenblick das Wichtigste?
11. Leiten Sie das Adjektiv von folgenden Substantiven ab:
    (*a*) die Aufregung,   (*c*) die Glut,
    (*b*) die Hitze,
    und das Substantiv von folgenden Adjektiven:
    (*d*) dunkel,   (*f*) eilig,
    (*e*) stark,   (*g*) flammend.
12. Sagen Sie mit anderen Worten:
    (*a*) da wird es *blendend* hell in der Stube,
    (*b*) Großmutter *fehlt* . . .,
    (*c*) sie hat es nicht eilig.

15

A Charwoman Yields to Temptation

Der Himmel war gelb wie Messing und noch nicht verqualmt vom Rauch der Schornsteine. Hinter den Dächern der Fabrik leuchtete er sehr stark. Die Sonne mußte gleich aufgehen. Ich sah nach der Uhr. Es war noch vor acht. Eine Viertelstunde zu früh.

Ich schloß das Tor auf und machte die Benzinpumpe fertig. Um diese Zeit kamen immer schon ein paar Wagen vorbei, die tanken wollten. Plötzlich hörte ich hinter mir ein leises Krächzen. . . . Ich blieb stehen und lauschte. Dann ging ich über den Hof zurück zur Werkstatt und machte vorsichtig die Tür auf. In dem halbdunklen Raum taumelte ein Gespenst umher. Es trug ein schmutziges weißes Kopftuch, eine blaue Schürze, dicke Pantoffeln und schwenkte einen Besen. Es war die Putzfrau Mathilde Stoß.

Ich blieb eine Weile stehen und sah ihr zu, wie sie da zwischen den Autos hin und her torkelte und mit dumpfer Stimme das Lied vom treuen Husaren sang. Auf dem Tisch am Fenster standen zwei Kognakflaschen. Eine davon war fast leer. Am Abend vorher war sie voll gewesen. Ich hatte vergessen, die Flaschen einzuschließen. „Aber Frau Stoß", sagte ich.

Der Gesang brach ab. Der Besen fiel zu Boden. Das Grinsen erlosch. Jetzt war ich das Gespenst.

„Ach", stammelte Mathilde, „ich habe Sie noch nicht erwartet—"

adapted from ERICH MARIA REMARQUE, *Drei Kameraden*
(Verlag Kurt Desch, München)

Answer in German:

1. Das Messing ist ein Metall. Nennen Sie drei andere Metalle (mit Artikel)!
2. Woher wußte der Erzähler, daß die Sonne bald aufgehen mußte?
3. Wann begann der Erzähler normalerweise seine Arbeit?
4. Was für eine Arbeit tat der Erzähler?
5. Wozu wird Benzin gebraucht?
6. Wie nennt man die Stelle, wo Autos tanken können?
7. Was ist der Unterschied zwischen einer Werkstatt und einer Garage?
8. Warum sah Mathilde Stoß wie ein Gespenst aus?
9. Was für einen Beweis hatte der Erzähler, daß Mathilde seinen Kognak getrunken hatte?

10. „Der Kognak" ist ein alkoholisches Getränk. Nennen Sie drei
    andere (mit Artikel)!
11. Drücken Sie anders aus:
    (*a*) der Gesang brach ab,
    (*b*) das Grinsen erlosch.
12. Was meint der Erzähler mit den Worten: „Jetzt war ich das
    Gespenst"?
13. Was ist das Gegenteil von:
    (*a*) die Sonne geht auf?   (*d*) schmutzig?
    (*b*) hinter mir?   (*e*) ich schloß das Tor auf?
    (*c*) vorsichtig?
14. Unter welchen Umständen würden Sie Angst haben, einem
    Gespenst zu begegnen?

16

An Hotel Guest and His Boots

Vor einiger Zeit kehrte spät abends im Goldenen Löwen zu
Kassel ein elegant, aber nachlässig gekleideter Fremder ein, der
augenscheinlich eine längere Fußtour gemacht hatte. Aus seinen
schmerzlichen Zügen sprach eine stille Verzweiflung, ein heim-
licher Kummer mußte seine Seele belasten. Er aß nur äußerst
wenig und ließ sich bald sein Schlafzimmer zeigen. Es mochte wohl
eine Viertelstunde später und nahe zu Mitternacht sein, als der
Kellner an Nr. 6, dem Zimmer des Fremden, vorüberkam. Ein
lautes, herzzerreißendes Ächzen und Stöhnen drang daraus hervor.
Dem erschrockenen Kellner erstarrte das Blut in den Adern.
Irgend etwas Entsetzliches mußte da vorgehen. Schnelle Hilfe
war notwendig; der Kellner stürzt zur Polizei. Unterdessen hat die
Frau von Sowieso, welche in Nr. 7 schläft, dieselbe schreckliche
Entdeckung gemacht und bereits das ganze Wirtshaus alarmiert,
als der Kellner mit der Polizei zurückkommt. Man dringt nun
sofort in das Zimmer des Fremden. Aber leider kam die Hilfe

64

zu spät, denn derselbe hatte bereits, weil er kein anderes Instrument hatte, mit eigener Hand unter Schmerzen und Wehklagen seine—engen Stiefel ausgezogen.

adapted from WILHELM BUSCH, *Und die Moral von der Geschicht*
(Bertelsmann Lesering Lektorat, Gütersloh)

Answer in German:

1. Wo spielt sich diese Episode ab?
2. Wie wurde das Hotel bezeichnet?
3. Wie hatte der Fremde den Tag verbracht?
4. Warum blieb der Fremde nicht lange im Eßzimmer?
5. Um wieviel Uhr ging er zu Bett?
6. Was dachte der Kellner, als er den Fremden stöhnen hörte?
7. Was haben der Kellner und Frau von Sowieso gemacht, um dem Fremden zu helfen?
8. Woran lag es, daß alle Hilfe zu spät kam?
9. Was sind die Pflichten eines Kellners?
10. Wie spricht man einen Kellner in einem Restaurant an? Und eine Kellnerin?

17

Two Men Wait for an Intruder

Auf dem Tische standen einige Flaschen guten Weines. Daneben lagen die beiden Revolver, und zwei ein helles Licht verbreitende Armleuchter standen mitten auf dem Tisch, denn so im Halbdunkel wollte Herr Sesemann das Gespenst denn doch nicht erwarten.

Nun wurde die Tür leicht angelehnt, denn zu viel Licht durfte nicht in den Korridor hinausfließen, es konnte das Gespenst verscheuchen. Jetzt setzten sich die Herren gemütlich in ihre Lehnstühle und fingen an, sich allerlei zu erzählen. Sie nahmen auch dann und wann dazwischen einen guten Schluck.

Es schlug ein Uhr. Ringsum war es völlig still, auch auf den Straßen war aller Lärm verklungen. Auf einmal hob der Doktor den Finger in die Höhe.

„Pst! Sesemann, hörst du nichts?"

Sie lauschten beide. Leise, aber ganz deutlich hörten sie, wie der Schlüssel zweimal im Schloß umgedreht, jetzt die Tür geöffnet wurde. Herr Sesemann fuhr mit der Hand nach seinem Revolver.

„Du fürchtest dich doch nicht?" sagte der Doktor und stand auf.

„Behutsam ist besser", flüsterte Herr Sesemann, erfaßte mit der Linken den Armleuchter mit drei Kerzen, mit der Rechten den Revolver und folgte dem Doktor. Sie traten auf den Korridor hinaus.

Durch die weitgeöffnete Tür floß ein bleicher Mondschein herein und beleuchtete eine weiße Gestalt, die regungslos auf der Schwelle stand.

„Wer da?" donnerte jetzt der Doktor heraus, und beide Herren traten nun mit Lichtern und Waffen auf die Gestalt zu. Sie kehrte sich um und tat einen leisen Schrei. Mit bloßen Füßen im weißen Nachtkleidchen stand Heidi da und zitterte und bebte wie ein Blättchen im Winde. Die Herren schauten einander in großem Erstaunen an.

„Kind, was soll das heißen?" fragte nun Herr Sesemann. „Was wolltest du tun?"

Schneeweiß vor Schrecken stand Heidi vor ihm und sagte fast tonlos:

„Ich weiß nicht."

adapted from JOHANNA SPYRI, *Heidi*
(Droemersche Verlagsanstalt Th. Knaur Nachf., München)

Answer in German:

1. Woher wissen wir, daß die zwei Herren ein wenig Angst hatten?
2. Wie haben sie die langen Stunden des Wartens verbracht?

3. Warum haben sie die Tür nicht weit offen gelassen?
4. Warum haben sie die Tür nicht zugemacht?
5. Was zeigt uns, daß Herr Sesemann vielleicht weniger mutig ist als der Doktor?
6. Welchen Beweis haben wir dafür, daß Heidi nicht hinausgehen wollte?
7. Warum waren die Herren so erstaunt, als sie Heidi sahen?
8. Sagen Sie mit anderen Worten:
   (a) sie nahmen dann und wann einen Schluck,
   (b) auf den Straßen war aller Lärm verklungen,
   (c) er fuhr mit der Hand nach seinem Revolver.
9. Was ist das Gegenteil von:
   (a) deutlich?
   (b) flüstern?
   (c) der Lärm?
   (d) einen *leisen* Schrei?
   (e) sie fangen an, . . .?

18

Late Arrival at the Inn

Es war spät abends, als K. ankam. Das Dorf lag in tiefem Schnee. Vom Schloßberg war nichts zu sehen, Nebel und Finsternis umgaben ihn, auch nicht der schwächste Lichtschein deutete das große Schloß an. Lange stand K. auf der Holzbrücke, die von der Landstraße zum Dorf führte, und blickte in die scheinbare Leere empor.

Dann ging er ein Nachtlager suchen; im Wirtshaus war man noch wach, der Wirt hatte zwar kein Zimmer zu vermieten, aber er wollte, von dem späten Gast äußerst überrascht und verwirrt, K. in der Wirtsstube auf einem Strohsack schlafen lassen. K. war damit einverstanden. Einige Bauern waren noch beim Bier, aber er wollte sich mit niemandem unterhalten, holte selbst den Strohsack vom Dachboden und legte sich in der Nähe des Ofens hin. Warm war es, die Bauern waren still, ein wenig prüfte er sie noch mit den müden Augen, dann schlief er ein.

FRANZ KAFKA, *Das Schloß*
(Schocken Books Inc., New York)

Answer in German:

1. Was hinderte K. daran, den Schloßberg zu sehen?
2. Wodurch hoffte K., die Lage des Schlosses erkennen zu können?
3. Wie unterscheidet sich ein Schloß von einem großen Haus?
4. Wodurch war das Dorf mit der Landstraße verbunden?
5. Aus welchem Material besteht eine moderne Brücke?
6. Warum mußte K. auf einem Strohsack schlafen?
7. Wer waren die anderen Gäste und was machten sie?
8. Woher wissen wir, daß K. sehr müde war?
9. Wo befindet sich der Dachboden eines Hauses?
10. Was wird normalerweise auf dem Dachboden aufbewahrt?
11. Wie nennt man das unterste Stockwerk eines Hauses?
12. Was würde man dort aufbewahren?
13. Sagen Sie mit anderen Worten:
    (*a*) dann ging er ein Nachtlager suchen,
    (*b*) K. war damit einverstanden,
    (*c*) das Dorf lag in tiefem Schnee.
14. Was ist das Gegenteil von:
    (*a*) spät abends?   (*c*) er schlief ein?
    (*b*) ankommen?   (*d*) müde?

19

A Room for the Night

Als ich hinunterkam, wurden Teller von den Tischen genommen, es roch nach kaltem Gulasch, nach Salat und künstlich gesüßtem Pudding. Ich setzte mich in eine Ecke. Der Kellner klopfte die Tische mit einer Serviette ab, und die magere Wirtin nagelte ein großes gelbes Pappschild über der Theke fest: „Heute abend Tanz. Eintritt frei."

„Sie wünschen, bitte?" fragte der Kellner. Ich blickte zu ihm auf, und sein Gesicht kam mir bekannt vor.

„Was gibt es?"

„Gulasch", sagte er, „Schweinekoteletts, Kartoffeln, Salat, Nachspeise—auch Suppe vorher, wenn Sie wünschen."

„Geben Sie mir Gulasch", sagte ich, „und Suppe vorher."

„Wird gemacht", sagte der Kellner.

Das Essen war kräftig und heiß, ich spürte, daß ich Hunger hatte, ließ mir Brot geben und tupfte die schwarzgewürzte Soße auf. Dann ließ ich mir einen Schnaps bringen. Die Wirtin sah mich an und fragte: „Bleiben Sie die ganze Nacht?"

„Ja", sagte ich.

„Würden Sie bitte im voraus zahlen? Wir gehen sicherer dabei—so nahe am Bahnhof, und Sie haben kein Gepäck."

„Natürlich", sagte ich und nahm mein Geld aus der Tasche.

„Acht Mark, bitte", sagte sie, und sie beleckte den Bleistift, um mir eine Quittung zu schreiben. „Sie erwarten noch jemand?" fragte sie mich.

„Ja, meine Frau", sagte ich.

adapted from HEINRICH BÖLL, *Und sagte kein einziges Wort*
(Verlag Kiepenheuer & Witsch, Köln-Marienburg)

Answer in German:

1. Was gehört, außer einem Teller, zu einem Gedeck?
2. Was ist das Gegenteil von: „den Tisch abräumen"?
3. Womit süßt man normalerweise ein Gericht?

4. Was sind die Pflichten eines Kellners?
5. Wozu dient eine Serviette beim Essen?
6. Was ist das Besondere an diesem Tanzabend?
7. Woher wissen wir, daß dieses kein vornehmes Wirtshaus ist?
8. Was dachte der Erzähler, als er den Kellner anblickte?
9. Was für Nachspeisen könnte man auf einer Speisekarte finden?
10. Der Schnaps ist ein alkoholisches Getränk. Nennen Sie drei andere Getränke.
11. Was verstehen Sie unter: „im voraus zahlen"?
12. Warum wäre es dem Erzähler leicht gewesen, das Hotel zu verlassen, ohne zu zahlen?
13. Wofür ist eine Quittung der Beweis?
14. Was braucht man, um etwas an die Wand zu nageln?
15. Was ist das Gegenteil von:
    (a) mager?   (d) vorher?
    (b) bekannt?   (e) nach oben?
    (c) künstlich?

20

First Love?

An einem der ersten Frühlingstage kam der kleine Gymnasiast Gerhard etwas spät nach Hause. Nach dem Stand der Sonne war es fast sechs Uhr; um fünf Uhr hätte er daheim sein müssen. Er mußte noch die Mathematik — und die Englischaufgabe machen, aber der Tag war so schön gewesen. . . .

Er öffnete leise die Wohnungstür und wechselte im Vorzimmer rasch die Kleider. Mit den Heften unter dem Arm betrat er wenige Minuten später das Wohnzimmer und drückte sich wortlos in seine Ecke. Die Mutter schaute von ihrer Näharbeit auf und blickte ihn vorwurfsvoll an. Er senkte den Kopf und begann eifrig, die Mathematikaufgabe in das große Heft zu schreiben.

Die Balgerei mit den Freunden hatte Spuren auf seiner Jacke hinterlassen, einen großen Schmutzfleck über den halben Rücken, den die Mutter später am Abend entdeckte. Gerhard wußte natürlich nicht, wie der Schmutz an seine Jacke geraten war. Er zog nachdenklich die Stirne in Falten und blickte traurig auf den Schmutzfleck. Die Mutter schimpfte und untersuchte auch die Hose nach Schmutzflecken. Die Hose war sauber. Dennoch entleerte sie die Taschen, um auch die Hose ausbürsten zu können. Die Untiefe der Taschen war unerschöpflich. Sie häufte alles auf das kleine Tischchen im Vorzimmer. Ein Taschenmesser, einen gelben Stein, ein Stück Kreide, den winzigen Stumpf eines Bleistiftes, einen Kork, ein Stückchen Kaugummi und ganz zuletzt ein kleines Herz, mit der Laubsäge ausgeschnitten, verschmiert und schmutzig, mit einer Inschrift, die kaum noch zu lesen war—„In inniger Liebe deine Gertrud W." Dann wurde der Mutter klar, was dieses kleine Herzchen bedeuten konnte. In inniger Liebe, mein Gott, der Bub ist erst zwölf Jahre alt. Sie hörte ihn im Badezimmer singen. . . . Sie mußte ihn sehen, jetzt, in diesem Augenblick.

adapted from FRANZ HIESEL, „Das Herz in der Hosentasche" aus *Die Leserunde* (Matthiesen Verlag, Lübeck)

Answer in German:

1. Was verstehen Sie unter „der kleine Gymnasiast"?
2. Wie konnte Gerhard erraten, wie spät es war?
3. Wann kam Gerhard normalerweise nach Hause?
4. Warum kam er an diesem Abend so spät nach Hause?
5. Sagen Sie mit anderen Worten: „er wechselte rasch die Kleider".
6. Was für einen Beweis haben wir dafür, daß Gerhard ein schlechtes Gewissen hatte?
7. Was machte die Mutter, als Gerhard in das Zimmer kam?
8. Wie ist Gerhards Jacke schmutzig geworden, ohne daß er es bemerkt hat?
9. Warum ist die Mutter deswegen ärgerlich?

10. Zu welchem Zweck entleerte die Mutter Gerhards Hosentaschen?
11. Wann braucht man Kreide?
12. Warum kauen Schuljungen besonders gern Kaugummi?
13. Nennen Sie vier Dinge, die Sie jetzt in den Taschen haben.
14. Warum hatte Gertrud W. dem Jungen ein Herz geschenkt?
15. Warum war Gerhards Mutter erschrocken darüber?